LES

MAISONS COMIQUES

PARIS. — IMP. ROUGE FRÈRES, DUNON ET FRESNÉ
Rue du Four Saint-Germain, 43.

MAISON GIRARDIN

LES
MAISONS COMIQUES

PAR

CH. VIRMAITRE

ET

ÉLIE FRÉBAULT

PARIS

P. LEBIGRE-DUQUESNE, LIBRAIRE-ÉDITEUR

16, RUE HAUTEFEUILLE, 16

1868

AVANT-PROPOS QU'IL FAUT LIRE

AVANT-PROPOS QU'IL FAUT LIRE

Sous le titre général d'*Études parisiennes*, nous nous proposons de publier plusieurs séries d'esquisses d'après nature.

Nous entamons aujourd'hui la première série sous ce titre : *les Maisons comiques*.

Pour éviter toute confusion, nous prions nos lecteurs de ne pas prendre dans le sens de *grotesques* la qualification de *comiques* appliquée à nos Maisons, mais bien dans le sens de l'adjectif latin *comicus*, c'est-à-dire : *appartenant à la comédie*.

En effet, les Maisons dont nous nous occupons ici rentrent, en quelque sorte, dans le domaine de la scène : ce sont, à proprement parler, les coulisses des hommes du jour.

Dans ces études d'intérieur, on trouvera non pas la biographie ordinaire, mais les détails intimes et presque toujours inédits de la vie des personnages en vedette; quelque chose comme l'histoire domestique des grands hommes en robe de chambre.

Le spectateur est, en général, assez friand de connaître ce qui se passe *derrière la toile*.

Il peut quelquefois, grâce à la protection du pompier de service, pénétrer dans la partie du théâtre interdite au public; mais il lui est à peu près impossible de franchir le seuil de nos célébrités artistiques.

Or c'est dans ce sanctuaire que nous l'introduisons.

Nous n'apprécions pas : nous dessinons.

I

LA MAISON GIRARDIN

I

LA MAISON GIRARDIN

Un sage a dit : « Il faut tourner sa langue sept fois avant de parler. » En vertu de ce précepte, voilà au moins vingt fois que je trempe ma plume dans mon encrier avant d'écrire ; cela se conçoit aisément : la tâche que j'entreprends est rude : il faut éviter le scandale, il faut ne froisser personne, et malgré ces deux importantes considérations, il faut photographier fidèlement mes personnages, décrire minutieusement leur intérieur et leurs habitudes. Je le répète, c'est une tâche ardue. J'espère que mon impartialité atténuera mes indiscrétions.

Ceci dit, j'entre en matière.

L'hôtel de M. de Girardin a son entrée rue Pauquet-de-Villejust, 40, et sa principale façade sur le boulevard du Roi-de-Rome. Cet hôtel n'a extérieurement rien de remarquable, pas de sculptures, à peine quelques moulures posées par-ci par-là. Une grille en fonte blanchie y donne accès. Après avoir franchi une petite cour carrée, on se trouve en face d'un perron de quelques marches, abrité par une élégante marquise travaillée à jour; lorsqu'on a gravi les quelques marches du perron, on a en face de soi un escalier spacieux recouvert d'un magnifique tapis; cet escalier est bordé en tout temps d'arbustes verts et frais qui réjouissent l'œil et l'odorat; il conduit aux appartements supérieurs habités par madame de Girardin, — nous n'en parlerons pas. — Un domestique en livrée noire, en culotte courte tout comme M. Darimon, se tient dans le vestibule, prêt à annoncer les visiteurs; à gauche, une grande porte en chêne à deux battants donne accès dans le grand salon de réception. A droite et en face, une autre porte en chêne s'ouvre sur la bibliothèque qui conduit au cabinet de M. de Girardin.

La bibliothèque, plus longue que large, est garnie de rayons contenant *beaucoup* de livres très-bien reliés; il n'y a pas d'elzévirs, aucun livre précieux, tous sont utiles; on sent, du reste, à la disposition des tablettes, que l'on est chez un homme pratique : pas besoin d'échelle, tout est à portée de la main, rangé et classé méthodiquement.

Au-dessus des tablettes, il y a des peintures à l'huile : M. et madame de Girardin ; des lithographies, madame et M. de Girardin ; des photographies, M. Alexandre de Girardin ; une statuette, madame de Girardin (Delphine Gay). Quand il n'y en a plus, il y en a encore. En fait d'œuvres d'art, ni Raphaël, ni Titien, ni Rubens ; tout est moderne : c'est luxueux, somptueux même, mais pas artistique du tout ; rien de ce splendide fouillis qui révèle l'amateur forcené ; tous ces objets sont là, parce que dans une maison riche il faut qu'il y ait quelque chose.

Au bout de la bibliothèque, à gauche, se trouve

1.

le cabinet de M. de Girardin : découvrez-vous. Pour beaucoup d'individus, c'est le cabinet noir ; regardez au fond et vous verrez une multitude de petits cartons rouges : c'est autant de boîtes de .Pandore ; ce qu'ils contiennent est incalculable, ce que M. de Girardin y accumule depuis trente ans est prodigieux. Tous les hommes marquants ou marqués y ont leur dossier : il y en a plus d'un, tenant le haut du pavé à Paris, qui, si le feu prenait dans ce cabinet, n'irait pas chercher les pompiers.

Si M. de Girardin a besoin d'un document, il ne le cherche jamais ; sa mémoire est tellement sûre qu'à vingt ans de distance il se rappelle une date, un nom ou un fait.

Ce cabinet a environ cinq mètres de longueur sur deux de largeur. C'est là que vit M. de Girardin ; c'est de là que sont sortis la plupart de ces magnifiques articles qui ont fait trembler tant de souverains... articles qui lui ont valu le surnom de *Condamné du 6 mars* (surnom qu'il s'est donné) ; de là aussi, d'autres sont sortis qui ont douloureusement fait gémir des peuples... Mais nous ne sommes pas ici pour causer politique. Raphaël avait deux manières de peindre : M. de Girardin a toutes les manières d'écrire ; cela le regarde.

Il est huit heures du matin, M. de Girardin, vêtu d'une robe de chambre brune, serrée à la taille, est assis dans son bureau ; il écrit, coupe, lit depuis environ trois heures ; autour de lui une masse de papier couvert de pattes de mouches fines et serrées ; le sol est jonché de débris de journaux de toutes les opinions, de toutes les couleurs et de tous les formats, depuis le *Moniteur* officiel jusqu'au plus humble journal d'arrondissement. Il moissonne pour ses collaborateurs ; il scrute attentivement tous ces journaux pour savoir si aucun de ses rédacteurs n'a laissé passer un *fait* : s'il en trouve un oublié, vite il saisit sa plume et rédige fiévreusement un *ukase* qu'il envoie à son rédacteur principal. Nous retrouverons ces *ukases* quand je parlerai du 123 *de la rue Montmartre*.

Vers neuf heures du matin, *Jean* apporte sur un plateau d'argent un déjeuner invariablement composé de deux plats : ce déjeuner est expédié en un clin d'œil.

Vers dix heures, les visiteurs arrivent. Tous ceux qui se présentent sont admis; aucune visite ne dure plus de dix minutes : *Time is money.*

Vers midi on attelle, et... Je ne sais plus, n'ayant jamais suivi la voiture, mais toute l'année il en est ainsi; M. de Girardin a des habitudes réglées.

A différentes époques de l'année, l'hôtel de la rue Pauquet présente un aspect féerique : les vitres resplendissent de lumières, de longues files d'équipages et de fiacres stationnent à la porte (les fiacres appartiennent aux rédacteurs); les échos d'alentour répercutent la musique intérieure. Ces jours-là, l'hôtel quitte ses allures bourgeoises; on met, comme on dit, les petits plats dans les grands; ce n'est pas un vain mot, car on dîne très-bien chez M. de Girardin. Si, quand il mourra, tous les gens qui ont dîné chez lui souscrivent pour élever une statue à l'amphitryon, il en aura une en or massif, surtout si les souscripteurs ont *l'estomac* reconnaissant.

Que de beaux noms on verrait sur cette liste ! Mesdemoiselles Favart, Ponsin, Tordens, Marie Sass; MM. Jules Janin, de la Guéronnière, Edouard Thierry, Paul de Saint-Victor, Nestor Roqueplan, Clément Duvernois, de Lagrenée, Hector Pessard, Emile Pessard, le docteur Cabarrus, Régnier, Michel Lévy, Eugène Gautier, Paul Foucher, V. de Saint-Félix, Boittelle, Emile Ollivier, Emilio Castellar, le prince Napoléon, etc.

Tout ce monde ne dîne pas à la fois, la salle à manger serait trop petite ; comme à la cour, on dîne par journée.

Que d'épisodes joyeux ou plaisants se passent à ces agapes, que je n'appellerai pas fraternelles !

Il me souvient qu'un soir on présenta M. Emile Ollivier à M. Emilio Castellar, le fougueux républicain, le célèbre publiciste espagnol dont la tête était mise à prix à Madrid. M. de Girardin présenta M. Emile Ollivier comme un démocrate à tous crins, comme un pur qui n'avait jamais mis son drapeau dans sa poche ni changé son fusil d'épaule ; M. Castellar, enchanté, serra avec effusion la main de M. Emile Ollivier. Ceci se passait au salon. On annonça que le dîner était servi. A table, au milieu des corbeilles de fleurs odoriférantes, au fumet des mets exquis qui étaient servis en profusion, au petillement du champagne, les langues se délièrent, chacun enfourcha son *dada* favori. Victorien Sardou et Girardin parlaient théâtres (rien des *Deux Sœurs*); H. Pessard et Duvernois parlaient... ma foi, pourquoi pas? parlaient de la députation en 1869. Emile Ollivier parlait... MINISTÈRE, il se croyait déjà rue Cambacérès.

Chacun sait qu'il a la parole abondante et facile, naturellement il fit un discours. Toutes les conversations cessèrent comme par enchantement.

Le discours de M. Emile Ollivier ne brillait pas précisément par le côté libéral : il raconta qu'il avait encore dans les oreilles les sifflets des Marseillais en 1848, lorsqu'il fut nommé commissaire général; enfin, bref, à force de causer, il s'imagina pour tout de bon qu'il était ministre, et nous convainquit presque tous qu'en 1867 on jouissait en France de toutes les libertés possibles et impossibles. C'était plaisir à le voir, ses lunettes en dansaient sur son nez ; parbleu, elles aussi se croyaient déjà lunettes de ministre.

Pendant ce discours, M. Emilio Castellar se tordait sur son fauteuil comme un homme atteint d'un malaise subit ; enfin, n'y pouvant plus tenir, il interrompit M. Emile Ollivier au beau milieu de sa péroraison en lui disant, avec un accent espagnol intraduisible : « Pardon, monsieur, j'avais cru
« entendre tout à l'heure qu'on me présentait
« M. Emile Ollivier, l'élu démocrate, l'un des neuf;
« je vois que j'ai mal entendu, encore une fois
« pardon. Quand j'irai à Madrid, je dirai qu'en
« France certains hommes sont comme la terre... »

« Ils tournent. »

Les dîners sont suivis de soirées ; chacun est à son aise ; M. de Girardin laisse à ses invités la plus complète liberté : on fume dans la bibliothèque, on fait de la musique au salon, on lit et on cause dans les coins, enfin l'on s'amuse partout. On fait de la musique. Les princes seuls peuvent s'en payer de pareilles : Joachin, Lavignac, Sivori,

Emile Pessard, H. Hertz, Ismaël, mesdames Marie Sass, Marie Cabel, Carlotta Patti, etc.

Le salon de M. de Girardin n'a absolument rien de remarquable, il est plus long que large; de chaque côté, des divans garnis de coussins sont adossés aux murailles, des fauteuils bariolés en tapisserie (des cadeaux, sans doute), des chaises longues, des tabourets, un piano à queue, deux tables en Boule Louis XV composent l'ameublement. Les deux tables sont surchargées d'albums photographiques : madame et M. de Girardin, M. et madame de Girardin, et.c, etc.

Pas de tableaux aux murs, si ce n'est au-dessus de la cheminée un portrait de Descartes. Cette cheminée est fort belle, les chenets sont magnifiques (ce n'est pas, comme chez M. de Lamartine, les *chenets de mes pères*). Quand toutes les connaissances sont parties, qu'il ne reste plus que les intimes, on se groupe autour de la grande cheminée.. Ah ! si le portrait de Descartes avait la parole !!!

J'ai dit plus haut qu'on faisait chez M. de Girardin de la délicieuse musique ; à ce propos, il me revient en mémoire une anecdote curieuse.

M. H. Herz tient à jouer sur un de ses instruments, cela se conçoit ; il fait ainsi d'une pierre deux coups : il force à admirer le musicien et le fabricant. Un soir, M. Herz devait exécuter un morceau de sa composition ; il avait fait apporter dans la journée, avec le plus grand soin, un de ses pianos ; le dessus était ouvert pour donner plus de sonorité à l'instrument. M. de Z..., célèbre par sa distraction, posa son chapeau gibus sur le piano ouvert.

M. Herz s'assied à son piano, il prélude ; aussitôt un silence solennel s'établit ; l'artiste commença son grand air ; mais, chose incroyable, le piano rebelle donnait des sons tellement faux, tellement sourds, que les bougies en pâlissaient. Naturellement, supplice de M. Herz, blessé dans son amour-propre de musicien et de fabricant. On regarda dans le piano ; rien, M. Herz recommença, même phénomène ; enfin, furieux, pâle de colère, il ferma le piano et cessa, au grand ébahissement des auditeurs.

A la fin de la soirée, M. de Z... chercha son chapeau, point de chapeau ; il dut en emprunter un.

Le lendemain. de très-bonne heure, M. Herz fit enlever son piano : il voulait savoir ce qu'il avait dans le ventre, et, chose merveilleuse, on trouva dans l'instrument le chapeau de M. de Z... Immédiatement, M. Herz renvoya le claque à M. de Girardin en priant qu'on voulût bien l'exposer dans le vestibule avec cette inscription :

Ce chapeau a été trouvé dans le piano de M. Herz. Son propriétaire est prié de le réclamer.

Dans ces soirées, on cause parfois politique ; le maître y brille entre tous. Que d'idées ingénieuses il émet! Si elles étaient réalisables, comme nous serions heureux! Que de bonnes choses j'ai entendues!... Mais je m'arrête, il est une limite que je ne dois pas franchir ; comme dans certaines propriétés : ici il y a des piéges à loup !

On a fait cent fois la biographie de M. de Girardin, on la refera encore cent fois, et personne n'en sera plus avancé. Aucun ne peut ni saisir les traits de l'ermite de la rue Pauquet, ni sa pensée : l'une est aussi mobile que l'autre. Il n'a que l'âge qu'il paraît; soixante ans bien sonnés, avant midi, et quarante ans, après midi. M. de Girardin est aimable parfois, bourru souvent, mais il paraît toujours content. Faut-il le dire? Eh bien, M. de Girardin adore le calembour.

M. de Girardin a été souvent vilipendé, il n'a jamais répondu; lorsqu'il était jeune, un duel malheureux a prouvé qu'il n'avait pas peur d'une balle; on l'a appellé spadassin; aujourd'hui il ne se bat plus : on dit qu'il a peur; on l'a louangé, il n'a jamais dit merci; on l'a traité d'ignorant, il a répondu par vingt-cinq volumes ; on a dit qu'il était avare, *Jean* a donné Dieu sait combien d'argent; on a dit que son enfance malheureuse l'avait rendu incapable d'aimer ou de s'attacher à quoi que ce soit, il pleure encore son enfant morte depuis longtemps. Bref, il n'a tant d'ennemis que parce qu'il a eu trop d'amis.

M. de Girardin a eu une manie : être ministre, c'est une ambition légitime; ne l'étant pas, il a voulu en faire un, mais il n'a pas réussi. Si j'étais à sa place, qu'est-ce que cela me ferait ? N'a-t-il pas assez d'un portefeuille, celui qu'a son garçon de bureau, le porteur d'*ukases* destinés aux rédacteurs de la *Liberté*? Aucun ministre n'aura jamais un portefeuille contenant des choses aussi justes et aussi spirituelles. M. de Girardin a surnommé ce portefeuille, le *stock*; nous le retrouverons rue Montmartre.

J'ai dit au commencement de ce chapitre que je m'efforcerais d'être impartial, ai-je réussi ?

II

LA MAISON 123 DE LA RUE MONTMARTRE

II

LA MAISON 123 DE LA RUE MONTMARTRE

Il est quatre heures du soir, une foule grouillante, criarde, remuante, inquiète, assiége littéralement la porte de cette maison ; un homme, le chef couvert d'une casquette galonnée, crie d'une voix qu'il s'efforce de grossir : « Circulez, n'encom- « brez pas la porte. » Des hommes sortent chargés de papiers noircis, ils plient sous leurs fardeaux ; la foule, à leur vue, dégage la porte ; elle se précipite rue du Croissant.

C'est l'heure de la mise en vente des journaux.

Dans le fond de la maison, les machines sifflent, roulent, bourdonnent ; les ouvriers crient ; c'est un va-et-vient continuel : on dirait l'enfer. Ce n'est pas l'enfer, c'est une imprimerie ; c'est une boutique politique, littéraire, scientifique, etc.

Le *Petit Journal*, la *Presse*, la *Liberté*, l'*Epoque*, le *Bulletin international* y ont leurs bureaux de rédaction.

Au premier étage, à droite, deuxième escalier, se trouvent les bureaux de la *Presse*, dont les rédacteurs principaux sont MM. de la Ponterie, Cucheval-Clarigny, Mirès et Farcy.

Les bureaux sont comme tous les bureaux de journaux : des tables couvertes d'un tapis vert, chargées de journaux, de brochures, d'encriers, de plumes, etc., etc.

MM. de la Ponterie et Cucheval-Clarigny sont les hommes politiques de la *Presse*; Mirès, le pétulant Mirès, en est le grand financier ; et le chevelu Bauer en est le parfait secrétaire.

Mirès vient souvent à la *Presse*; il n'a pas d'heure fixe, car sa distraction est proverbiale.

En voici quelques exemples :

Aussitôt après déjeuner, Mirès fait atteler son *trois-quarts*. Si M. Mirès, dans sa course, rencontre un ami, vite il descend de sa voiture, prend le bras de son ami et dit au cocher de le suivre ; après avoir marché et causé pendant un certain laps de temps, l'ami se rappelle qu'il a une course à faire. Il hèle un fiacre qui passe, et voilà M. Mirès qui monte dans le sapin avec son ami, tandis que sa voiture le suit.

Une autre fois, M. Mirès va en visite ; il dit à son cocher de l'attendre à la porte ; l'ami descend de chez lui, M. Mirès lui prend le bras et les voilà tous deux en course à travers Paris. M. Mirès rentre chez lui, dîne, va à l'Opéra, revient à pied, et à minuit il s'aperçoit qu'il a laissé depuis midi son cocher à la porte de l'ami qu'il a été visiter.

Un jour, M. Mirès accompagnait madame chez madame de *** ; il faisait un froid à fendre l'obélisque. M. et madame descendent de voiture. Monsieur prend son pardessus sur son bras et monte chez madame de *** ; la visite terminée, le mari accompagne M. et madame Mirès jusqu'en bas ; madame Mirès remonte dans sa voiture, M. Mirès rentre sous la porte cochère pour causer un instant ; puis madame Mirès, impatientée, l'appelant, il quitte son interlocuteur et : « Cocher, au bois. » Tout le long du chemin, M. Mirès grelottait, se tournait ; madame lui dit : « Mais mettez donc votre pardessus. » On cherche, pas de pardessus.

Enfin, au bout de quelques minutes, M. Mirès se rappelle que, dans le feu de la conversation et pour causer plus librement, il a accroché le malheureux vêtement au bouton extérieur de la porte cochère : « Cocher, vite rue *** ! » Une fois arrivé, M. Mirès descend et trouve son pardessus à la même place.

Je parie dix-sept sous que si ç'avait été moi, je ne l'aurais pas retrouvé,

Toujours au bois, monsieur se promenait avec madame ; les vitres étaient levées à cause du froid. Une voiture passe rapidement, M. Mirès croit reconnaître un ami ; sans prendre le temps de baisser la glace, le voilà qui passe sa tête au travers au risque de se couper le cou.

Ce n'est qu'à grand'peine qu'on put le retirer de là...

Mais revenons au 123. Rien de bien étrange

dans le bureau de la *Presse*. L'opinion du journal n'est pas assez tranchée pour prêter le flanc à aucune appréciation. On dit, mais je n'en sais rien, que certains articles de ce journal sont inspirés par....... quelqu'un du dehors.

Bauer a la garde des clichés, ce n'est pas une sinécure.

Il est à remarquer que MM. Pereire ne viennent jamais causer à la *Presse* entre leurs repas.

En continuant de monter dans ce même escalier, au deuxième, on remarque sur le mur une main indiquant d'un geste impératif un mot qui flamboie sur une porte jaune :

LIBERTÉ.

Tournez le bouton, s'il vous plaît.

Vous pénétrez, mais vous avez compté sans Baptiste, le gardien vigilant du sérail, qui vous dit, comme dans la célèbre gravure : « — On ne passe pas ! — C'est un article que j'apporte. — Vous repasserez. — C'est pour un abonnement. — Montez un étage au-dessus, monsieur ; voulez-vous que je vous accompagne ? »

Comme c'est compris, cela !

Baptiste est parti en course, profitons-en pour entrer. A gauche, un grand bruit s'élève : c'est Arthur de Fonvielle qui rugit dans son bureau ; il rédige le compte rendu d'un bal du grand monde en fumant, en guise de consolation, sa pipe culottée ; il est à l'étroit là dedans ; sa grande et généreuse nature s'accommode mal de toutes les platitudes qu'il est forcé d'enregistrer quotidiennement sous la rubrique *le Monde parisien*. Son rêve serait de transporter son bureau sous le splendide ciel d'Afrique, au milieu du désert.

Un peu plus loin on entend des cris barbares, de l'allemand et du turc : c'est Léon Cahun qui chante les prouesses du Guignol égyptien; encore un qui est bien où il n'est pas, qui est piqué de la tarentule. Ne pouvant voyager matériellement, il voyage sur le papier : c'est le géographe de la *Liberté*; il conquiert des provinces; il s'annexe des mondes sans coup férir. Léon Cahun a rêvé de remplacer Orelie Ier comme roi des Patagons.

Au centre du bureau de rédaction, un petit homme, la barbe inculte, l'œil un peu hagard, distrait, comme tout vrai savant, est assis à une immense table couverte d'un tapis vert; autour de lui on peut remarquer une multitude de feuilles écrites largement, tachés d'encre; on croirait, tant il y en a, qu'il fait travailler dans les prisons. Politique, littérature, sciences, etc., etc., c'est un vrai touche à tout : c'est l'Encyclopédie de la *Liberté*, c'est l'homme masqué qui *tombe* l'Académie; c'est lui qui, dans une conférence à l'Athénée, a appelé les astronomes des gendarmes scientifiques chargés de demander aux étoiles leurs passe-ports. Chacun aura reconnu Wilfrid de Fonvielle.

Wilfrid, depuis quelque temps, ne vit plus qu'en ballon. Un soir, le ballon dans lequel il était descendit à Juilly; les pères jésuites vinrent offrir l'hospitalité aux voyageurs; il refusa et préféra passer la nuit à la belle étoile, plutôt que de coucher chez ces messieurs.

A cheval sur les principes!...

Ceci peint l'homme et peut se passer de commentaires.

Wilfrid, par les jours d'orage, s'en va dans les rues sans parapluie par une pluie battante, à seule fin d'observer les phénomènes atmosphériques, tels que les éclairs et la foudre ; si on le laissait faire, il monterait ces jours-là sur la colonne de Juillet, voire sur la tête du Génie ; il y serait bien accueilli, car ils sont quelque peu parents.

Wilfrid, à l'inverse de ses collaborateurs, va rarement chez M. de Girardin. Pourtant, un jour mandé par ce dernier, il y alla. Suivant son habitude, Wilfrid était habillé Dieu sait comme! Son chapeau rougi, usé et bossué ; un pantalon trop long, mais en revanche un gilet trop court : la chemise passait au milieu, et par-dessus tout des souliers trop larges. Je ne me rappelle plus ce que M. de Girardin désirait de Wilfrid ; toujours est-il que la conversation se termina ainsi :

— Sans rancune, monsieur de Girardin, fit Wilfrid.

— Sans rancune, répondit le *patron*, mais à une condition : quand je vous inviterai à mes soirées, vous achèterez des BRETELLES.

Wilfrid en acheta, mais il ne les porta jamais.

En passant, jetons un coup d'œil sur des épreuves destinées à être insérées dans le numéro du soir. C'est un compte rendu musical.

Le rédacteur, à travers Rossini, Meyerbeer, Halévy, Auber et Gounod, ne voit que Richard Wagner, tout se rapporte à Richard Wagner, le musicien de l'avenir. *Guillaume Tell*, c'est joli ; le *Tannhauser*, c'est beau ; *la Juive*, ce n'est pas mauvais ; mais *Lohengrin*, c'est un opéra splendide.

Il ne faut gêner personne dans ses goûts. Pour M. A. de Gasperini, hors Richard Wagner, point de salut !

Et Junca, le secrétaire de la maison, n'est pas commode, mais on peut l'excuser : la place qu'il occupe n'est pas une sinécure.

Celui qui a l'honneur d'être secrétaire de M. de Girardin doit avoir bon pied, bon œil, bonne mémoire, et par-dessus tout, être comme dit le proverbe, être bon cheval de trompette, c'est-à-dire ne pas s'effrayer du bruit.

C'est ici que nous allons retrouver les *ukases* que M. de Girardin rédige dans son cabinet de la rue Pauquet, et qu'il adresse à son secrétaire dans le fameux portefeuille dont nous avons parlé.

Les *ukases* arrivent à neuf heures du matin; chacun en a suivant son importance.

En voici quelques échantillons :

« M. ***. — Je vois dans les journaux du soir et du matin beaucoup de *faits* que je ne retrouve pas le lendemain reproduits dans la *Liberté*. Aucun ne doit être omis ! »

« M. ***. — Donnez la préférence à tout ce qui est emprunté aux autres journaux, qu'il faut dépouiller le matin avec le plus grand soin, les *citer* toujours scrupuleusement, de telle sorte que le lecteur puisse se dire : La *Liberté* me donne tout ce qui paraît d'intéressant, d'amusant, de spirituel, etc., dans les autres journaux. »

Lorsque la place manque, soit par un excédant d'annonces, soit par le compte rendu des Chambres, on répond invariablement à M. de Girardin :

— Pas de place !

L'encombrement du *marbre* disparaît, vite M. de Girardin envoie un *ukase :*

« M. ***. — La place ne va plus manquer !

« Je compte donc que le dépouillement le plus attentif, le soir, des journaux du soir ; le matin, des journaux du matin, et des journaux spéciaux, sera fait...

« Attention ! ! ! »

Un jour, on avait oublié deux faits dans la *Liberté;* ils n'échappèrent pas, malgré leur peu d'importance, à la vigilance de M. de Girardin :

« M. ***. — Je viens de recevoir la *Liberté* d'hier au soir ; je ne m'explique pas comment les actes officiels, NOMINATION DE SOUS-PRÉFETS, ont été omis.

« C'est regrettable !

« Pour quelle raison n'a-t-on pas mentionné la condamnation de M. Paul de Cassagnac à 100 francs d'amende ?

« C'est triste ! »

Au moment du duel de M. Duvernois et de M. Sarcey, le journal était un peu négligé. Aussitôt le duel terminé, vite l'*ukase* suivant :

« M. ***. — Dès que nous aurons cessé de déborder comme des fleuves, et que nous serons rentrés dans notre lit, il sera bien important et bien urgent que vous lisiez avec la plus grande attention toutes les nouvelles, afin de n'en laisser passer aucune ! »

Au moment de la guerre d'Italie, une lettre du correspondant de la *Liberté* avait été oubliée...

Ukase :

« M. ***. — Cette lettre aurait DU être publiée hier. Elle aurait PU l'être, car l'*Avenir national* a donné toute l'affaire.

« La *Liberté* se laisse devancer, quand elle pourrait arriver première. — Il n'y avait pas de raison pour ne pas publier cette lettre hier.

« Très, très-mécontent ! »

En fait d'*ukase*, voilà le bouquet :

« M. ***. — Demandez à M. R... et expliquez-moi comment il se fait que la *Liberté*, qui publie une multitude de détails sans intérêt, sous la rubrique LE MONDE SPORTIQUE, soit presque le seul journal qui n'ait pas donné hier *la mort du jockey Grimshaw ?*

« Cette omission est inexcusable, d'autant plus inexcusable que M. R... savait la nouvelle.

« Cela me prouve une fois de plus que vous laissez tous envahir vos bureaux par des CAUSEURS et des BAVARDS, au lieu de les METTRE A LA PORTE et de faire chacun ce que chacun a à faire.

« Je me verrai forcé de PRENDRE une mesure EXTRÊME ; je l'ai déjà fait pour M. *** ; AUCUNE CONSIDÉRATION NE M'ARRÊTERA. Que chacun fasse comme moi, que chacun soit à son affaire !

« La LIBERTÉ *avant tout.* »

A une certaine époque, M. de Girardin avait imaginé de faire relire et corriger le journal par trois de ses rédacteurs, MM. V..., P... et J... ;

il les avait qualifiés du nom de REVISEURS.

L'un d'eux, M. V..., avait laissé passer le paragraphe qui suit :

« Avant-hier jeudi, à neuf heures du soir, le ministre de l'instruction publique, accompagné de son secrétaire général, M. Charles Robert, a visité le grand Gymnase de la rue des Martyrs.

« *Son Excellence* est restée près de deux heures dans cet établissement, dont elle a beaucoup admiré les vastes perspectives et l'intelligente organisation.

« *Son Excellence* a quitté le grand Gymnase à onze heures du soir, après avoir essayé les appareils, questionné les élèves, et chargé M. Eug. Paz, en témoignage de sa satisfaction, de l'installation d'un gymnase modèle dans l'École normale professionnelle de Cluny. »

Ce fait avait été coupé dans un journal.

Le lendemain, voici l'*ukase* que M. de Girardin adressa au triumvirat :

« Messieurs les reviseurs $\begin{cases} V... \\ P... \\ J... \end{cases}$

« Dans les faits qui sont *revisés*, retranchez impitoyablement et avec soin toutes ces qualifications qui exhalent l'obséquiosité et *suintent* la presse officielle et officieuse ; ne jamais mettre :

« Son Altesse,
« Son Excellence.

« Mettre :

« Le prince, la princesse,
« Le ministre de, etc.

> «On dirait d'un journal écrit à plat-ventre par des surnuméraires aspirant à un emploi de commis dans les bureaux de M. Duruy!!! »

Comme M. de Girardin entend le journalisme ! et comme ses *ukases* formeraient un curieux *vademecum* à l'usage de ceux qui fondent des journaux !

Le résumé de tout ceci, c'est que M. de Girardin fait de ses rédacteurs comme le vigneron fait du marc de raisin, quand il croit qu'il n'y a plus rien au fumier.

M. de Girardin, chercheur par excellence, a fait faire un pas très-grand au journalisme ; il a matérialisé le travail : plus d'esprit, des employés ponctuels comme un pendule. La *Liberté* est rédigée à l'heure ; le prix varie suivant l'exactitude du rédacteur, mais non suivant son talent.

Les jours joyeux de la *Liberté* sont passés ; ce gros réjoui et joyeux baron Brisse ne parfume plus les bureaux du journal avec des truffes et des foies gras.

Il a quitté le journal comme tant d'autres ; son souvenir me fait venir l'eau à la bouche et me rappelle certains pâtés dont voici l'histoire authentique écrite, dans la *Liberté*, le 22 février :

« J'ai reçu ces jours derniers de Vaison (Vaucluse) la lettre ci-après, sans date :

« Monsieur,

« Sur mienne formule, une ancienne cuisinière du maréchal Gérard, du ministre comte de Gasparin, de M⁽ᵐᵉ⁾ la baronne d'Etchegoyen, de M. de Galiffet, de

Mme Lacroix Saint-Pierre, a commis un pâté tiré du four à double exemplaire. Je vous en adresse un comme à un gentilhomme de goût distingué. (Ma tante chanoinesse prétendait que l'intelligence des délicatesses de table prouvait la race.) Pour ne pas vous ménager une surprise, je vous dirai que le pâté est de filet de porc frais, d'émincés de pigeon, et de truffes, le tout incorporé à de la choucroute intimement fondue. Si, après dégustation, vous trouvez cette confection pas trop toxique, veuillez bien lui signer ce passeport : Autorisée dans les choses de gueule. (Rabelais me permet le mot, je le maintiens.)

« A vous, maître.

« H. SAUVAGEON,

« *Avocat célibataire.*

« *P. S.* — Jointe est la tabatière à tabac d'Espagne de ma tante chanoinesse...

« Ma tante chanoinesse employait cette poire,
Qui fut (jadis, hélas!) d'une très-blanche ivoire,
A saupoudrer son nez de tabac espagnol.
Pour relever un mets de poivre de Cayenne,
Cette gourde servit à quelque citoyenne.
Elle pourra servir au café d'Opéra ;
Et là, du moins, monsieur, qui voudra la verra. »

Cette lettre, en me charmant, jeta le trouble dans mon cœur. J'attendais avec impatience la tabatière de la chanoinesse ; mais j'avais la fièvre de ne pas voir arriver le pâté.

Bientôt, j'appris qu'il était venu en même temps que la lettre, qu'on l'avait remis à la rédaction du journal à l'heure du déjeuner, et qu'alléchés par l'odeur, mes chers CONFRÈRES avaient ouvert la caisse et mangé le pâté sans m'en garder une part... — Il était trop bon ! m'ont-ils dit.

Je me suis fâché aussi rouge que faire se peut avec des CONFRÈRES ; mais eux, ayant le courage de leur infamie, en ont ri ; et Ch. Virmaître, en m'envoyant la tabatière, a même eu l'impudence de signer :

Un propagateur de la circulaire VANDAL !

Notre cher CONFRÈRE Brisse se trompait, le pâté était adressé à la rédaction !

Ici se place une jolie historiette : M. de Girardin a l'habitude de renvoyer à son secrétaire le numéro de la veille annoté et critiqué de sa main.

Lorsqu'il fonda la *Liberté*, il s'entoura de jeunes gens ; il appela aussi à lui des hommes faits, tels que Siebecker, un travailleur de la petite presse d'alors, de la *Vie parisienne*, du *Figaro*, etc., etc.

On lui donna à la *Liberté* un coin à la troisième page, où il fut chargé de parler tous les jours des *Conférences*, qui faisaient fureur alors.

Le sujet n'était pas bien fécond et plus d'un s'y fût noyé. M. Edouard Siebecker trouva le moyen de faire de ces comptes rendus de véritables articles littéraires, vifs, enlevés, frondeurs peut-être, mais frappant toujours juste.

Il fut remarqué par tout le monde, — chose rare pour un écrivain de troisième page. — M. de Girardin annota très-favorablement ses articles et le conserva pendant près de deux mois.

Que se passa-t-il? Bien fin qui peut deviner les secrets du cabinet... de rédaction. De mauvaises langues parlèrent de ce petit coin de la troisième page qui parfois faisait tapage, quand une partie de la première et parfois la seconde tout entière ne disaient rien. Toujours est-il qu'un jour, le chargé des conférences fut invité provisoirement à suspendre ses articles pour cause d'économie. Ce fut la raison qu'on lui donna. Le journal à dix centimes mangeait de l'argent et on était obligé de s'en tenir au strict nécessaire. Vermorel avait déjà été sacrifié à Duvernois, — à qui fut sacrifié Siebecker? Mystère.

Il partit, rentra dans la petite presse, travailla un peu partout et, finalement, fit une brillante campagne dans un journal, peu répandu dans le public, mais qui fit quelque bruit dans le monde littéraire : l'*Esprit nouveau* que M. de Gasperini fonda l'année dernière.

L'*Esprit nouveau* mourut. Le terrain n'était pas prêt pour sa doctrine, et sa disparition coïncida avec la révolution que cause à la *Liberté* le départ de M. Duvernois.

Les amis de M. Edouard Siebecker qui restaient auprès de M. Girardin et moi, nous lui conseillâmes de saisir l'occasion d'une rentrée brillante, et de faire une démarche personnelle auprès du maître, de l'autocrate. On prépara même le terrain, on lui dit qu'il était attendu, qu'il n'avait qu'à se présenter.

Il se décida à faire le pèlerinage de la rue Pauquet.

C'est là qu'est le mot de la fin.

Savez-vous ce que lui répondit M. Emile de Girardin, son ancien rédacteur en chef, qui annotait ses articles, qui a la prétention de lire tout ce qui s'écrit, non-seulement chez lui, mais partout, M. de Girardin lui répondit :

— On m'a parlé de vous, mais je dois vous avouer que je ne vous connais pas du tout. Je n'ai jamais rien lu de vous.

Siebecker resta abasourdi et n'eut que la force de répondre :

— Ma foi, monsieur, je regrette bien que mes amis m'aient poussé ici ; je pensais qu'au bout de six ans de lutte et de travail, mon nom aurait pu arriver aux oreilles d'un homme aussi universel que vous. Je tâcherai donc de me faire connaître.

Lorsqu'il nous raconta l'aventure, il nous dit :

— J'avais envie de lui dire d'appeler son secrétaire, pour savoir ce que ce dernier lui avait dicté en marge des articles que j'avais publiés chez lui !

Je parierais ce qu'on voudra, qu'encore aujourd'hui, M. de Girardin n'a pas même lu un seul article des *Mœurs du jour* d'Edouard Siebecker, dans le *Courrier français*. Et il prétend qu'il connaît par cœur tous les écrivains à tempérament !

Je m'aperçois que j'allais oublier la majeure partie des hommes *de lettres* de la *Liberté*, les compositeurs. J'aurais eu tort ; sans eux pas de journal ; c'est une *équipe* qui fait des prodiges ; elle fait aussi des *coquilles*, mais elles sont si drôles qu'il faut en rire. Témoin celles-ci :

Ils ont laissé pendant au moins trois jours, à la quatrième page du journal :

Le propriétaire ENNUQUE, et rédacteur en CHIF de la *Liberté* : E. de Girardin ;

Au lieu de : Propriétaire *unique* et rédacteur en *chef*.

Sur le même palier que la *Liberté* et en face sont les bureaux de l'*Epoque* ; quoique ce soit un journal conservateur, la première chose qui frappe les yeux des visiteurs, c'est une *potence*... en fer qui barre le passage. A gauche, Xavier Eyma, rédacteur de la force de quarante chevaux, qui couvre les deux tiers du journal de ses articles, de ses nouvelles, etc., etc. Eyma a des nouvelles quand même, quand il n'y en a pas... Eh bien, la huitième chambre trouve qu'il en fait !

Eyma a autant de talent que de moustaches : la seule différence, c'est que son talent est jeune et que ses moustaches sont grises.

Pour pénétrer dans le grand centre, chez Duvernois, il faut traverser un PONT... Comme il est séparé de la *Liberté* ! Avant de pénétrer chez lui, à gauche (tout est à gauche à l'*Epoque*), nous voyons Leguevel de Lacombe, le secrétaire de la rédaction ; l'intérieur de son cabinet est garni des charges de nos célébrités contemporaines éditées par les petits journaux à deux sous ; dans un coin il a un meuble dont je ne saisis pas l'usage ; chez le baron Brisse, bon ; mais là ! *shocking* !

Leguevel, ont dit certains petits journaux, est le grand *coupeur* de Dusautoy. Qu'est-ce que cela lui fait ? Il ne travaille pas dans les *vestes* !

A gauche, nous entrons chez Hector Pessard, le Pylade de Duvernois. Ici c'est splendide : tapis par terre, peinture au plafond, meubles en chêne sculpté, bureau, bahut, fauteuil, etc., etc. Si vous entrez dans ce cabinet, jamais vous n'y trouverez la *Gazette médicale*, parce que... ce journal donne le nombre des morts.

Pessard a été musicien dans un régiment de ligne; il jouait de la clarinette; il n'en a conservé que le bec; ceux qu'il empoigne s'en aperçoivent, car c'est un des meilleurs élèves de Girardin.

Dernièrement, on a décoré du Medjidié les rédacteurs de l'*Epoque*; il y a eu une telle avalanche de croix que le prix des rubans a haussé sur la place de Paris. M. Pessard n'a pas été décoré.

Pourquoi?

On m'a dit tout bas qu'il ressemblait trop au sultan, et que le sultan, mû par un sentiment de jalousie, n'avait pas voulu le décorer, c'est bien fait; pourquoi diable un journaliste va-t-il s'aviser de ressembler à un souverain?

M. Pessard, au moment où l'épidémie des conférences sévissait sur Paris, a fait la sienne à la salle du Grand-Orient. Le sujet qu'il avait choisi m'échappe; mais cela ne fait rien, par une bonne raison : c'est que M. Pessard ne parla pas; il but tant et tant (deux carafes d'eau, je crois), qu'un auditeur impatienté s'écria : « Mais ce n'est pas un orateur, c'est un canard. »

Que M. Pessard se console, il écrivit le lendemain ce qu'il devait dire la veille et tout le monde y gagna.

A gauche (toujours), nous entrons chez Clément Duvernois; comme c'est beau, mon Dieu! que c'est beau!... Duvernois est aussi un élève de Girardin, ses articles le prouvent; il manie le paradoxe avec une habileté rare, c'est un de nos écrivains politiques les plus féconds.

Jamais Clément Duvernois n'apporte à sa rédaction un article fait d'avance. Arrivé au journal, il lit les journaux, réfléchit quelques instants, puis il écrit son *premier-Paris*; il a la science du *titre*.

Tous les jours son coupé, attelé d'un cheval pie, l'attend à la porte du 123; lorsqu'il était à la

Liberté, il n'avait qu'un fiacre, mais en revanche il avait des avertissements.

Chacun son goût... j'aimais mieux ça : je parie cent sous que d'ici peu je retrouverai mon Duvernois et reprendra son fiacre et... ses avertissements.

M. Terme est le rédacteur en chef de l'*Époque*, c'est un écrivain de talent qui n'écrit pas assez souvent.

Ch. Gonet, connaissez-vous Ch. Gonet, c'est Gavroche devenu Boursier. Hadol l'a peint d'un coup de crayon, il l'a représenté embrochant des pigeons. Ch. Gonet adore la musique ; pour satisfaire sa passion, il a une serinette qui lui joue, tandis qu'il fait un article : *Ami, l'or est une chimère !...* Une chimère pour ceux qui souscrivent à tel ou tel emprunt.

Castagnary, l'homme 1830, vient peu au journal, mais quand il y vient, il y vient ; il laisse généralement sa gaieté chez lui, il est navré de son métier de critique dramatique, aujourd'hui on n'écrit plus que des ordures. A la bonne heure, il y a trente ans, on faisait des pièces !...

Le *Petit Journal* occupait le troisième étage en attendant que son hôtel fût prêt. C'était un curieux bureau. Tout le monde était pêle-mêle. MM. Escofier et Steine sont les *cuisiniers* de la maison, c'est-à-dire qu'ils sont chargés quotidiennement de couper dans les journaux, quoiqu'ils ne signent que rarement; avec Timothée Trimm, ce sont les principaux collaborateurs de cette feuille populaire.

Timothée Trimm (Léo Lespès) est assurément l'homme le plus répandu de France et de Navarre; il ne venait que rarement au journal, l'escalier est trop sombre et trop glissant. Timothée veut se conserver à l'admiration des masses, c'est pour cela que lorsqu'il prend une voiture (et il en prend souvent), si les chevaux piaffent, vite il paye son cocher et le renvoie. Dame! on ne meurt qu'une fois. Lorsque Timothée était jeune, il n'avait pas cette peur; il prenait des voitures, il montait sur le siége et faisait asseoir le cocher dans la voiture.

Timothée a appris à lire au peuple, c'est un titre à la considération publique.

Depage, investi des ciseaux du censeur, lit, approuve, blâme, coupe et juge en dernier ressort.

C'est lui qui est chargé de réprimer les écarts de plume. Son expérience le met à la hauteur de son mandat; la bienveillance qu'il apporte dans ces fonctions délicates lui a conquis les sympathies de ses victimes.

Le maître de la maison, M. Serriere, est un type curieux; ancien ouvrier typographe, à force d'intelligence il est parvenu à avoir la fortune et la considération, deux choses qui vont rarement ensemble.

Si jamais M. Serriere écrit ses *Mémoires*, je lui prédis un immense succès; car ce qu'il a vu défiler chez lui d'hommes célèbres, à divers titres, est incalculable.

Lors du procès de M. de Girardin, M. Serriere fit au président de la huitième chambre une réponse qui restera célèbre; cette réponse dénote un esprit rare et une rare présence d'esprit.

M. de Girardin était poursuivi comme auteur d'un article, et tout naturellement M. Serrière l'était comme imprimeur. Le président lui adressait diverses questions, lorsque tout à coup M. Serriere l'interrompit en lui disant :

« Vous me rendez responsable d'un délit, vous
« me retenez ici, et à l'heure où je vous parle
« on en commet peut-être cinquante chez moi ; je
« ne suis pas coupable, puisque je n'y suis pas.
« Pour être conséquent avec la loi, permettez-moi
« de m'en aller. »

En effet, à l'heure où comparaissait M. Serriere, quatre journaux politiques s'imprimaient chez lui !

A propos de la *Liberté*, j'ai parlé de Baptiste, le garçon de bureau de ce journal. C'est un des êtres les plus curieux que je connaisse; il a été depuis quarante années garçon dans une foule de journaux, il a vu passer sous ses yeux presque tous les journalistes connus, il a été le confident de bien des misères, il a vu bien des vanités.

Napoléon Ier disait : Il n'y a pas de héros pour un valet de chambre; Baptiste soutient qu'il n'y a pas de grands journalistes pour un garçon de bureau.

Du reste, Baptiste publiera un jour ses *Mémoires*,

car c'est un garçon soigneux, il a des autographes qui nous feront bien rire.

A Paris, tout le monde lit ; on y édite au moins *six cents journaux ;* il sera peut-être agréable à mes lecteurs de savoir comment on fait un journal. On aime assez à pénétrer dans les coulisses des théâtres, les coulisses du journalisme sont bien plus curieuses encore.

Les enthousiastes répètent sur tous les tons : *La presse est en voie de progrès ;* les pessimistes disent : *la presse est dans le marasme.*

Qui a raison ?

Je ne puis mieux faire que citer l'opinion qu'avait le docteur Johnson sur les journaux de son temps (1750) :

« La rédaction des journaux est trop souvent abandonnée à des esprits étroits et mercenaires, également incapables d'amuser et d'instruire, qui se bornent à remplir ces feuilles de tout ce qui se trouve sous leurs mains, sans se donner la peine de recueillir des matériaux et sans savoir faire un choix parmi ceux qu'ils ont. Aussi voit-on les journaux se multiplier tous les jours sans rien ajouter à la somme de nos connaissances.

« L'anecdote du journal du matin se retrouve dans celui du soir, et l'article du soir est reproduit le lendemain matin.

« Ces redites continuelles font perdre le temps au lieu de l'économiser, et le plus intrépide lecteur de journaux est fatigué avant d'avoir achevé sa tâche. »

Claude Tillier disait, dans un ses pamphlets, que la cause de cet état de choses dépendait entièrement du lecteur : que le lecteur *parcourt* un journal, enjambant lestement d'un paragraphe à un autre, comme un saute-ruisseau traverse un tas d'immondices. Cela est vrai, le public est avide d'émotion : voyez plutôt *Rocambole !*

Pour répondre à ce besoin, on a inventé le *Reporter*. C'est lui qui a enfanté cette littérature hybride, coupée, morcelée, où les points d'interrogation et d'exclamation tiennent une si large place.

Il est vrai que, pour fournir la matière nécessaire à la confection d'un journal, il faut un immense travail; car un journal, c'est un enfant terrible, un vrai touche-à-tout. Art, poésie, théâtre, nouvelles, Bourse, sport, sciences et faits divers. Les faits divers, voilà ce qui fait les délices du bourgeois; le bon, le pacifique bourgeois trouverait son café au lait bien fade et sa flûte brûlée s'il n'avait pas sa provision quotidienne de suicides et d'assassinats : cela aide à la digestion.

Le *Reporter* est un être à part; c'est un infusoire littéraire, un animalcule invisible autrement qu'au microscope, il est partout et dans tout; un assassinat vaut dix lignes, en tirant un peu il en fera quinze; un chat tombe d'une gouttière, un incendie se déclare, un pot de fleur choit de la fenêtre d'un savetier, il neige à Tombouctou, il fait chaud à Saint-Pétersbourg ou il gèle à Madrid; il sait tout, voit tout; s'il ne sait rien, il *fabrique*, il a des phrases à lui, la périphrase lui est chère; il a ses grande et petites entrées depuis l'amphithéâtre d'hôpital jusque dans les salons de l'ambassadeur *Trou-bonbon ;* il vous décrit une opération sans broncher, il vous dira, à une épingle ou à un nœud de ruban près, la toilette de madame une telle. Il mettra bien quelquefois *vertèbres* pour *viscères*, ou prendra du *point de Chantilly* pour du *point d'Angleterre*, mais le compositeur a bon dos.

N'est-ce pas le *Reporter* de nos jours qui a inventé la fameuse histoire de l'homme qui se suicide et qui cache préalablement sa tête afin de n'être pas reconnu?

Bref, c'est un homme heureux, parfaitement heureux, et, quoi qu'il écrive, à moins de dire une grosse bêtise. il est certain qu'aucun critique ne le couchera en joue.

Chaque journal est fait à peu près de la même manière.

Il est neuf heures du matin, la politique est calme, aucune nouvelle intéressante, et pourtant il faut remplir *dix-huit colonnes*. Il faut *neuf mètres vingt-six centimètres de copie!*

Les ciseaux marchent, coupent, taillent, rognent; à deux heures le journal est fait. Et dire qu'il y a des gens qui vous disent sérieusement : « Ne me contestez pas ce que j'avance, *je l'ai lu dans mon journal!*...

Le côté comique de la chose, c'est qu'il y a des lecteurs qui, prenant au sérieux les journaux, écrivent au rédacteur en chef ou aux écrivains de ces feuilles des lettres toutes plus incroyables les unes que les autres ; les unes contiennent des conseils, des articles, ou bien ce sont des inventeurs méconnus qui réclament de la publicité. En voici un échantillon ; c'est le sublime du genre :

« *Aux Chefs temporels et spirituels des Etats, aux Empereurs, aux Rois, aux Princes, aux Ducs, aux Marquis, aux Comtes, aux Barons, aux Chevaliers, aux Présidents des républiques, aux Ministres, aux Employés des gouvernements, à tout le genre humain et ses générations.*

« SAINTS PÈRES, VOS MAJESTÉS IMPÉRIALES ET ROYALES, MESSEIGNEURS, MESSIEURS, MESDAMES,

« Les écrits n'ont été inventés que pour transmettre, à des distances de plus en plus éloignées et comme espace et comme temps, ce qu'on ne peut dire. A toutes les époques de la vie, on peut en comprendre l'importance, vouloir apprendre à écrire, et il serait à désirer que les caractères imprimés fussent absolument semblables à ceux dont on se sert en écrivant, et que chaque personne, chaque petit et chaque grand séminaire, chaque école, chaque collége, chaque lycée, chaque faculté et chaque université eût la possibilité de s'en pourvoir.

« Une personne qui, après avoir appris l'alphabet, les lettres, les mots, les bi, tri et les polysyllabes, sait les reproduire dans des écrits ou des imprimés, devrait avoir le grade d'élève ; lorsqu'à ces connaissances elle joint celles de la valeur, de l'importance des mots, des proportions, des phrases, des entretiens et des discours, et sait les reproduire dans des écrits ou des imprimés, elle devrait avoir le grade de disciple ; lorsqu'elle sait en apprécier l'importance dans n'importe quel écrit, n'importe quel imprimé, elle devrait avoir le grade d'électeur (est lecteur); lorsque, aux connaissances qui précèdent, elle joint la conscience de la valeur de son existence, des êtres, des objets et sait les reproduire dans des écrits ou des imprimés, ne serait-ce que pour sa satisfaction personnelle, elle devrait avoir le grade d'éligible (est lisible) ; lorsqu'elle sait faire valoir ces connaissances dans des écrits ou des imprimés adressés à ses parents, ses amis, ses connaissances, ses compatriotes et ses prôneurs, elle devrait avoir le grade d'élu (est lue) ; lorsqu'elle sait se rendre compte des actes de la création et de la vie et sait reproduire ses connaissances dans des écrits ou des imprimés adressés dans sa commune, son canton, son arrondissement, son département et sa capitale, elle devrait avoir le grade d'élu d'entre les élus ; lorsque à toutes ces connaissances elle joint celles de savoir vérifier tous les actes de la création et de la vie et sait les reproduire dans des écrits ou des imprimés adressés aux générations du genre humain contemporaines et à venir, afin d'indiquer ce qu'il y a d'avantageux pour le suivre et ce qu'il y de désavantageux pour l'éviter, elle devrait avoir le grade de maître. Les grades des chefs des maîtres dans les classes où il y en a plusieurs, les grades des chefs des maîtres dans chaque commune, chaque canton, chaque arrondissement, chaque département et chaque capitale, ne devraient être accordés qu'à des preuves, des épreuves, des examens d'assiduité, de zèle et d'aptitude, de plus en plus élevés et proportionnés aux besoin de chacune de ces collections du genre humain. Chaque personne devrait avoir la possibilité d'acquérir ces connaissances et les reproduire dans des écrits ou des imprimés, tels qu'ils existent aujourd'hui ou tels que j'ai été obligé d'employer pour prévenir toute la présente génération du genre humain, et les générations à venir, qu'il s'agit du salut ou de la perte de tous les corps célestes et de tout ce qui les peuple. Chaque petit et chaque grand séminaire, chaque école, chaque collége, chaque lycée, chaque faculté, chaque université devrait avoir la possibilité de les acquérir et les reproduire dans des écrits et des imprimés, afin de faire juger, à des distances même bien éloignées, des degrés d'assiduité, de zèle et d'aptitude de chaque candidat.

« Les écrits ne sont pas peu de chose et devraient

être soumis à un ordre aussi exact que celui de la comptabilité. Les écrits devraient encore être érigés en propriétés privées et publiques, car c'est au nom de la Bible, de l'Evangile, du Coran et d'autres livres qu'on s'est emparé de la direction des personnes, de leur conscience privée et publique, de toutes les pensées, de tous les actes, de toutes les paroles, de tous les écrits, dès l'âge le plus tendre de l'enfance, dès la naissance même. Ceux qui agissent ainsi se proclament des remplaçants de Moïse, de Jésus-Christ, de Mahomet, de Calvin, de Luther, d'autres personnages et d'autres personnes, qui savaient ou ne savaient pas écrire, car on devrait remarquer en passant que Jésus-Christ, quoique parfaitement intentionné et dont on a su se procurer une foule d'objets, 1000 ou 1200 après sa mort, ne savait pas écrire et n'a pas tracé de sa main une seule lettre, pas un seul mot. Les écrits qui devraient fixer au plus haut degré l'attention de tout le monde sont ceux de Pierre le Grand, dans lesquels il expose les voies à suivre pour parvenir à la domination universelle et qu'on suit pas à pas, mot à mot, depuis 150 ans environ. Ses descendants se proclament déjà des remplaçants de Dieu ! des dieux des Russes, et ont tous les moyens, même 2 ou 3 millions de soldats, pour appuyer leurs prétentions ; tandis que la plupart des prétendus remplaçants de Moïse, de Jésus-Christ, de Mahomet, de Calvin, de Luther n'en ont pas un seul à leur disposition.

« J'ai l'honneur, Saints Pères, Vos Majestés Impériales et Royales, Messeigneurs, Messieurs, Mesdames, de vous saluer. »

On reçoit encore d'autres lettres, mais de celles-là, il ne faut parler que discrétement : ce sont des confrères qui vous prient de dire qu'ils ont beaucoup plus de talent que tels ou tels; ou bien encore ce sont des artistes dramatiques qui vous invitent à dire que leurs rôles seront sans effets à la *première*, que leurs jupes sont trop longues, etc., etc.

Nous n'en finirions pas si nous voulions entrer profondément dans la voie de l'indiscrétion; c'est une vraie *foire à la vanité ;* et si nous disions la vérité, grand Dieu, que ferait-on de nous ?

Entre quatre et cinq heures du soir, les bureaux de rédaction de la *Liberté*, de la *Presse* et de l'*Epoque* sont envahis par un petit monsieur qui trottine menu, le nez au vent, un lorgnon sur le nez, et bouscule tout le monde. Ce n'est pas qu'il soit pressé, oh non ! mais il est tellement myope, qu'un cheveu sur le sol le fait trébucher, et qu'il prendrait facilement un grain de poussière pour une pierre de taille. Sa myopie (qu'il n'avoue pas) lui cause parfois des désagréments. Un jour, il visitait l'atelier d'un peintre connu. Après avoir *essayé* d'admirer les œuvres accrochées çà et là, il arrive devant une petite toile représentant une femme nue, vue de dos, femme à la chair splendide, et dont la croupe (genre Rubens) pouvait donner du frisson. Notre homme s'arrête devant cette toile et dit au peintre : « Ah ! bien réussi ! c'est le portrait de madame votre mère ? Je le reconnais, j'en parlerai dans ma correspondance de l'*Indépendance belge ;* car c'est de M. Paul Foucher que je parle, l'excellent homme que nous connaissons tous, qui, lorsqu'il écrit, n'a pas besoin de lorgnon.

J'allais oublier l'inventeur des machines qui fonctionnent chez M. Serriere, cet oubli eût été impardonnable. M. Marinoni est une preuve de ce que peut la volonté ; son concours est précieux aux écrivains, car sans lui que deviendrait la pensée ? En effet, si l'on compare aux anciennes les machines nouvelles, *qui tirent* 36,000 exemplaires à L'HEURE, on est émerveillé.

Disons, en passant, que le premier journal date

de 1494. Pendant l'expédition de Charles VIII dans le royaume de Naples, on criait dans les rues de Paris le *Journal à un sou* et le *Bulletin de la grande armée d'Italie.*

Ce journal mourut en 1495 ; les épreuves sont déposées à la bibliothèque de Nantes.

Comme ce temps-là est loin !

III

LA MAISON A. VERMOREL

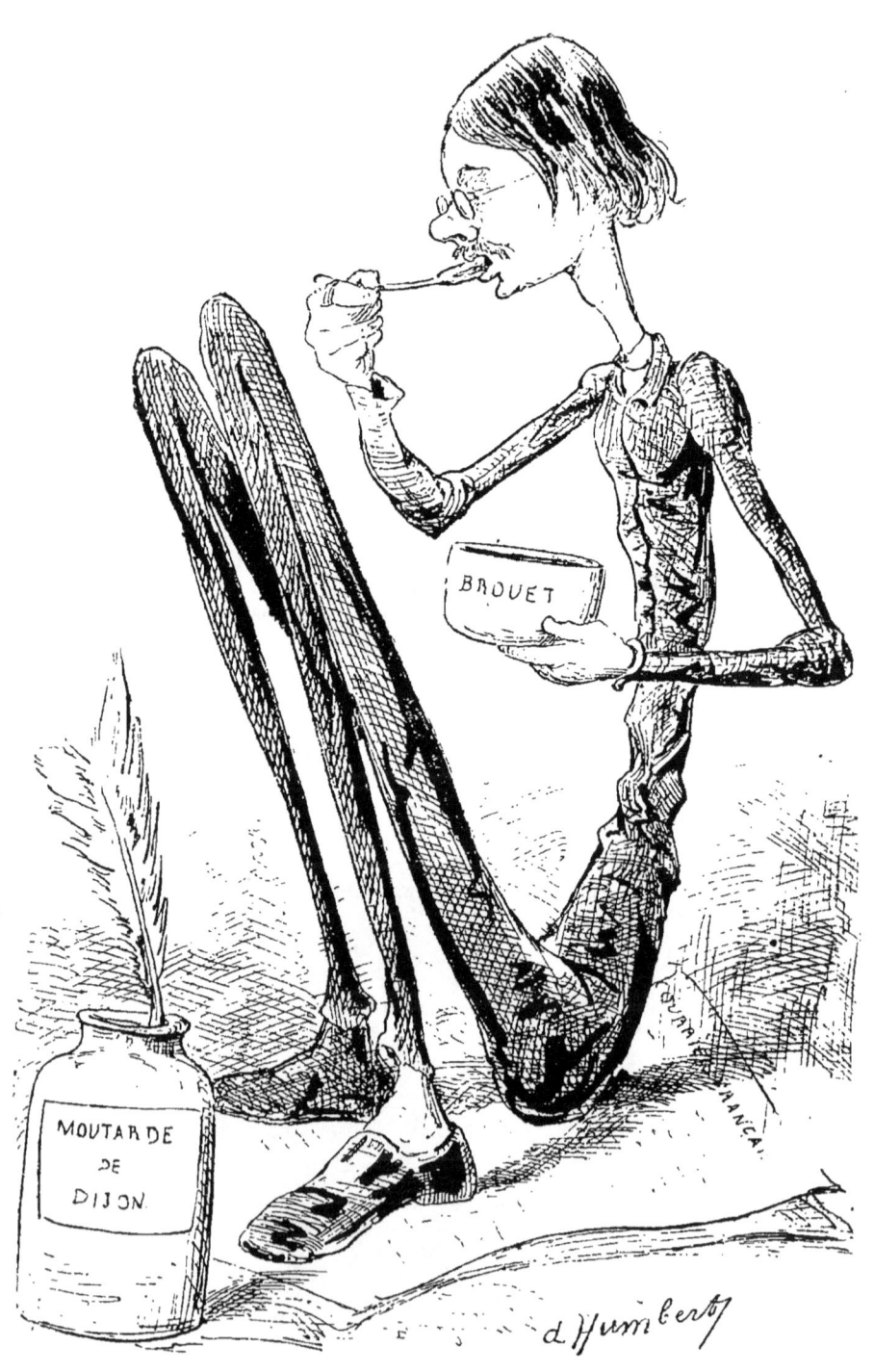

MAISON VERMOREL

III

LA MAISON A. VERMOREL

———

Toutes les fois qu'un homme entre violemment dans la vie sans se faire annoncer, il fait crier ceux qu'il heurte pour se faire faire place, des clameurs lui font cortége, des haines violentes et sourdes le poursuivent sans trêve et sans relâche, surtout s'il affirme sa viriualité par un amour immodéré de la vérité. Ah! c'est que c'est une chose rare à notre époque, un vrai phénomène, l'homme qui casse les vitres sans se soucier s'il blessera quelqu'un avec les éclats, qui va droit au but dans la vie en se moquant de ceux qui marchent sur son ombre; qui risque tout, liberté, fortune, santé, pour une conviction; qui ne redoute pas les calomniateurs, lesquels ne manquent jamais de s'attacher au char des triomphateurs.

C'est de Vermorel que je parle, de Vermorel qui a pris pour devise : « Il ne faut pas flétrir chez les autres ce qu'on fait soi-même. »

Et qui, chose plus rare encore, met l'axiome en action.

Don Quichotte a tué les romans de chevalerie par le ridicule; Vermorel s'y prend autrement, il désarme ou tue ses ennemis par la vérité.

Qu'a-t-il à y gagner, s'il n'était pas de bonne foi? Des amendes qui le ruinent? Car, quand il tire sur quelqu'un, il ne met jamais de faux-nez, il ne se cache jamais derrière un autre; tant pis si ceux qu'il attaque ont une épée trop courte, il serait bien bon de rogner la sienne.

On lui jette des injures, on l'appelle *vendu*, *toléré*; allez donc lire et méditer certain registre de l'administration du *Courrier français*, et vous serez renseigné :

Vermorel, 10 fr. à compte sur ses appointements;.

Adrien Marchet, 5 fr. *idem.*

Lucien Dubois, 2 fr. *idem.* Etc., etc.

Ces injures, c'est la boue qu'un ivrogne jette après un mur, et que la pluie du lendemain lave; la pluie représente ici le bon sens.

Les gens que Vermorel égratignent me font l'effet de malfaiteurs qui se plaindraient d'avoir été battus par une patrouille.

L'audace, comme la folie, décuple les forces de l'homme. Vermorel est fort comme plusieurs Turcs, car il a de l'audace à revendre; il tape à droite et à gauche, surtout sur les confrères; il a raison; ne vous êtes-vous donc fait journaliste qu'à la condition, comme l'acteur, d'être applaudi; il ne faut pas en vouloir, messieurs, à celui qui fait la ponction à vos vanités hydropiques!

Ceci dit, entrons sans façon chez Vermorel, rue d'Aboukir, 9; il n'est pas nécessaire de nous faire annoncer; aucun laquais en culotte courte ne nous barrera le passage.

Brrrou! qu'il fait froid! quelle Sibérie que ce bureau.

Vermorel est assis à sa table en bois blanc, aucun tapis n'en cache la nudité; cette table est chargée de papiers, c'est un fouillis impossible, un vrai capharnaüm. Un matin, Vermorel trouvera des nids de rats dans ses notes.

Brrrou! qu'il fait froid! les verres des lunettes de Vermorel sont gelés, car il n'y a pas de feu dans cette pièce; quand un visiteur arrive, on lui offre une couverture. Au bout de cinq minutes, éternument général auquel personne ne répond : Dieu vous bénisse! Cette phrase n'a pas cours dans la maison.

Vermorel cause en écrivant; dites-lui ce que vous vous voudrez, vous ne le dérangerez pas; pourtant ne parlez pas de M. Veuillot, car il se lèverait comme un homme qui a marché sur quelque chose de désagréable; ne parlez pas non plus musique, car Vermorel se sauverait.

Vermorel a eu une affaire qui restera célèbre avec MM. de Cassagnac. Chacun se rappelle qu'il ne voulut pas se battre; qu'il foula aux pieds le préjugé absurde qui pousse les gens à s'égorger. Depuis, il a eu un duel avec M. Anatole de La-forge, un honorable rédacteur du journal *le Siècle*.

Depuis ce duel, la jeune rédaction est belliqueuse en diable. Rassurez-vous, ce n'est qu'une *tocade;* la seule arme possible au *Courrier*, c'est la plume, et, comme le chassepot, elle fait *merveilles*.

Vermorel fait presque le journal a lui seul, cela amène parfois des incidents bizarres. Un rédacteur, qui depuis a quitté le *Courrier français*, lisait un jour dans un café un article du journal. Il déblatérait contre le confrère qui avait fait l'article. Quel style! quel français! mais c'est idiot! Une kyrielle d'injures défilaient en colonnes serrées, lorsque quelqu'un qui suivait la lecture pardessus son épaule lui dit : « Mais l'article est signé de vous! »

Tableau!

Vermorel met cinq minutes à son déjeuner; il mange du brouet noir.

Toutes les semaines, le conseil d'administration

du *Courrier français* se réunit pour approuver les comptes et causer du journal. Cette réunion a lieu à huit heures du soir. Ce qu'on y entend est parfois très-curieux.

La scène représente une salle carrée, sans papier de tenture, une table en bois blanc supportée par deux tréteaux ; sur cette table, deux bougies dans deux chandeliers de cuivre. Autour de cette table, les membres du conseil sont assis : les PURS, comme ils s'intitulent eux-mêmes ; ils sont là, graves comme il convient en pareille circonstance. L'un est grand comme un jour sans pain, l'autre est nerveux comme une phrase de Vermorel. Je ne suis pas bien sûr qu'il ne coupe pas la table lorsqu'il y met ses coudes. Les autres resssemblent à tout le monde.

Vermorel ne s'assied pas, il erre autour d'eux, prêt à donner les explications qu'on lui demandera.

La séance est ouverte. Le grand monsieur long passe sa main sur son crâne, — c'est un souvenir. — Il jette la tête en arrière et commence :

— Nous avons en caisse ?

L'administrateur : — Des convictions !

Une voix à la cantonade : — C'est une monnaie qui n'a pas court au restaurant.

Le monsieur nerveux : — Mon dernier article était bon, la signature a dû faire monter la vente ?

Vermorel : — Hum, hum,... oui.

Le monsieur long : — Messieurs, messieurs.

Vermorel se rappelle qu'il a un article à faire, Au bout d'une demi-heure il revient ; le discours continue...
Enfin il est fini.

Macon : — Voulez-vous voir les comptes ?

Tous ensemble : — Tout à l'heure.

Le monsieur nerveux répond au monsieur long. Vermorel retourne finir son article.

La soirée se termine ainsi ; les bougies ont brûlé, la semaine suivante, c'est à recommencer.

Cela n'empêche pas le *Courrier français* de bien marcher.

MAISON J. VALLÈS

IV

LA MAISON J. VALLÈS

IV

LA MAISON J. VALLÈS

Rue d'Aboukir, 9, au troisième, un escalier raboteux, impossible, vrai casse-cou offert en prime aux abonnés, en gratification aux rédacteurs. Sur la porte, en gros caractères rouges lisérés de vert :

La Rue.
Entrez sans frapper.

Cinq chaises de paille, une table en bois blanc surchargée de lettres, de papiers, de registres; des *charges* variées collées le long des murs ; dans le fond, une vaste cheminée sans feu — parce qu'elle fume... Tel est le mobilier...

Universitaire ou saltimbanque, *raseur* ou grand homme, Bellenger, un petit gros, joufflu comme un bébé, vous mettra poliment à la porte en vous disant à travers le lorgnon qui lui dessine le haut du nez : — Ces *messieurs* ne sont pas là.

Parvenez à pénétrer dans le *salon* du fond, vous pourrez admirer toute la rédaction assise sur des piles de journaux, rôtissant ses jambes à la flamme d'un feu clair, et vif et *devisant joyeusement* des affaires de l'État et des femmes de France . . . .

Donc vous avez fait un article et vous êtes venu tout tremblant, n'osant qu'à peine aborder le *farouche* Vallès.

— Voyons, lisez-nous cela un peu. (Garnier, n'oubliez pas d'écrire au journal *la Loque* ce que je vous ai dicté.)

— Lisez.

La voix est rude, l'œil inquisiteur, la tête penchée sur la main gauche, le corps enveloppé dans un mac-farlane dont la pèlerine déployée semble menacer le postulant.

— Bien ! pas mal ! continuez.

— Puissant, vous soignerez votre *père Hyacynthe*... Ce n'est pas ça du tout !... Que diable parlez-vous de petites fleurs et d'azur !... Dites donc, l'abbé, ne manquez pas de dire que Veuillot n'est qu'un bohême... Appelez-moi Frédéric Morin un Marat de sacristie... Continuez, je vous prie, pas mal, pas mal... Jeune homme, il faudra nous apporter autre chose.

Vous revenez un soir, deux ou trois jours après :

— Ah ! c'est vous ! je me rappelle. J'ai là votre article, j'en ai même retenu des phrases. Vous avez écrit quelque part : « Thérésa, c'est la Louise *voyou* du peuple... » Non ? Alors je me trompe : c'est moi qui l'ai écrit... Pas mal, du reste, votre machin ; mais ça ne va pas au *cadre de notre journal*. Faites-nous du vrai, du réel, du poignant, et de la politique en dessous, vous entendez ?

Malgré tout, sous son air rogue de chien en colère, avec sa voix sèche, incisive et cuivrée, sa façon brusque, ses intentions de briser tout, de *trousser* et de *casser l'os*, malgré les grands ciseaux qu'il promène du reste fort intelligemment dans les articles de ses rédacteurs ; malgré la manie de *fourrer* partout des *déclassés*, des *bacheliers sans ouvrage* et des *lamentables*, Vallès, le *farouche* Vallès, Vallès le *brutal* est *au demeurant le meilleur fils du monde*. Obligeant dans les limites de son influence et de sa paresse, et facile à s'enthousiasmer pour qui a un peu de talent et de cœur. Ses manières sont plus d'un aristocrate qu'il ne le croit lui-même : ce capitaine des déclassés ne va pas au café, ne prend pas l'absinthe, se couche à neuf heures, se lève à cinq, s'ennuie dans les petites orgies de famille, dort dans son fauteuil au théâtre, se moque de tout ce qu'on peut écrire pour ou contre sa vie ou ses œuvres : très-désolé qu'un duel qui eut du retentissement l'ait fait passer pour un spadassin, parce qu'il se figure qu'on n'ose pas dire de lui tout ce qu'on pense, par crainte de sa brutalité.

Il ne cesse de répéter aux *collabos* et aux débutants, à qui l'éreintement fait peur ou que la réclame chatouille, que tout cela ne leur ôtera pas un gramme de talent, s'ils en ont, et ne leur en donnera point, s'ils n'en ont pas.

C'est fort juste. Du reste, Vallès cache sous les apparences de *téméraire*, un grand bon sens : il voit vite et juste; il a le style ardent, mais l'esprit froid. Il vise — et ne s'en cache pas — à la gloire et aux dangers de la vie politique. Outre les dons de l'orateur qu'il possède au suprême degré, il aura, s'il arrive, toute l'habileté d'un chef de parti, vous verrez !

Il voudrait être riche, qu'il le deviendrait. Né au Puy, moitié Auvergnat, moitié Gascon, il est un singulier mélange de rusé et d'audacieux, c'est une figure curieuse. Sa *Rue* est un journal qui datera dans l'histoire ; lui seul pourtant, dans la maison, était connu.

Mais Vallès appelle tout le monde à la rescousse. Il sait découvrir un écrivain comme un cochon trouve une truffe ; il aime à déterrer les talents qui s'ignorent comme il aimait, jadis, à mettre en lumière les *monstres* inconnus ; et plus d'un a dû d'avoir son nom connu dans le monde littéraire à son entrée en lice sous la guenille rouge qui sert à la *Rue* de drapeau.

C'est lui qui a exhumé Puissant, l'auteur des *Ecrevisses* et du *Moulin*, lequel, le soir, à six heures, quand on va fermer le bureau, ne manque jamais d'inviter, à la bourguignonne, un des rédacteurs, tous les rédacteurs même, à venir manger en famille le veau aux carottes, dirigé par lui-même, ou l'oie aux marrons qui croustille dans sa graisse onctueuse ; le tout arrosé d'un petit vin de Bourgogne naturel, dont *Maroteau* garde religieusement le souvenir.

Ah ! les joyeux festins qu'on fait là, sans façon, à la *bonne flanquette*, les coudes sur la table, le gilet déboutonné ! Puissant triomphe au milieu de ses collaborateurs et amis qui dévorent ; il jouit de leur appétit autant et plus que du sien ; après boire, quand les têtes sont échauffées, qu'on a dit du mal de Jules Favre et du bien de Proudhon, le vigneron entonne de sa voix sympathique quelque chanson bourguignonne, l'on n'a plus envie de s'en aller.

Car Puissant est bon musicien. C'est de lui

qu'on a dit qu'il était le seul capable de remplacer Scudo à la *Revue des Deux Mondes.*

Maroteau est secrétaire de Vallès, un gamin celui-là, dix-neuf ans, de longs cheveux récalcitrants, et timide... au point qu'il passa trois jours avant d'oser se présenter, pour la première fois, au bureau du journal avec un excellent article : *un Malheureux*, qui, du coup, le mit au rang des plus effrontés *rualistes* (c'est ainsi que ces messieurs s'appellent). Maroteau (Gustave) devait être *jeune de langue* et gagnerait aujourd'hui 2,400 fr. dans une *échelle* quelconque ; il a mieux aimé s'essayer à crever de faim sur le pavé de Paris pour *la gloire*. Ce naïf et bon jeune homme — a fait des vers qui ont failli le brouiller avec Vallès, pour la vie !

Garnier a manqué d'y sauter aussi, Garnier, l'enfant chéri de la *Rue*, pourtant ; pensez donc, il a lâché l'École normale et l'Université pour venir à elle. E. A. Garnier brûle du désir de succéder aux Parado!, aux Taine, aux About, aux Sarcey... S'il m'entendait, lui qui ne peut souffrir Francisque !

5.

Et, cependant, quoi que vous puissiez dire, Garnier, contre cette *alma parens*, qui vous a nourri de pensums, de Virgile et de haricots, qui vous offrait tout à l'heure encore une bonne place de maître d'étude à Nice, où vous pourriez admirer de temps en temps Villemessant; quoique vous puissiez écrire de fin, de vrai, de juste et d'honnête contre ce redoutable *éteignoir des intelligences*, vous en fûtes, vous en êtes, vous en serez toujours. . . . .

.....Il y a un abbé à la *Rue*, je ne sais pas le secret et n'ai jamais vu cet abbé-là, c'est un mystère.

Je connais Enne — j'allais parfois, il y a deux ou trois ans, passer mes soirées du lundi, — *pour rire un brin*, — dans une société de petits jeunes gens, gentillâtres de lettres, qui se réunissaient à jour fixe autour d'un tapis vert pour discuter doctoralement, par demandes et réponses, les plus hautes questions de littérature et de philosophie, ridicules et pleins d'eux-mêmes. Un seul ne parlait pas, se contentant de fumer sa pipe en silence, regardant les autres avec un sourire goguenard, et n'ouvrant, par-ci par-là, la bouche que pour se moquer d'eux un *tantinet*. Il s'appelait *Francis Enne*. Les amis le prenaient généralement pour un imbécile, et le toleraient par habitude et compassion. Je compris qu'il était le plus intelligent de la bande, et la *Rue* s'est chargée depuis de me donner raison. Observateur brutal, comme il le faut, *Enne* voit toujours juste, et n'hésite jamais devant la vérité la plus douloureuse et la plus pacteuse — gagne sa vie dans un bureau de mairie, en attendant... l'avenir.

Le promeneur attardé, le soupeur harassé qui se trouve, par hasard, égaré sur le quai d'Orsay, vers une heure et demie du matin, peut rencontrer une ombre fantastique, un faucheux gigantesque, agitant dans le vide ses grandes pattes, et dont le vaste manteau noir se détache lugubre sur la brume indécise du crépuscule naissant. Une toque informe couvre sa tête inusitée ; des flocons de fumée sortent précipités de sa bouche armée d'une courte pipe en terre rouge... C'est *Cavalier* qui se rend à l'usine *J. T. Cail et C*^{e}, loin, bien loin dans Grenelle. La veille au soir, il a terminé, copié et recopié son article. Son écriture fait le désespoir des compositeurs, il s'en console en pensant que son style fait les délices des esprits distingués. Le matin, il s'en va dessiner toute la journée, dessiner à raison de *quarante centimes* l'heure; — un métier de brute, — en attendant les 20,000 francs qui lui manquent pour fonder une usine et gagner des millions. Fort en X, il a passé par l'École polytechnique, ce qui l'a rendu profondément matérialiste et raisonneur. Travailleur plein d'activité, quand il le faut, mais flaneur avec passion, Cavalier voudrait bien trouver quelque part une éducation à faire, mais aucun père n'a voulu, jusqu'ici, lui confier sa fille : il est trop laid ! ! !

C'est ce que lui dit souvent Bellenger, pour se venger des plaisanteries que Cavalier se plaît à faire à propos d'un amour passé, sur lequel Bellenger souffle comme sur un feu qu'on ne veut pas laisser mourir. Ce souvenir lui tire, du reste, de l'encre aussi bien que des larmes, et il a écrit, en s'inspirant de jadis, des lignes barbouillées d'émotion.

Voilà à peu près toute la *Rue*. Il y a eu d'autres rédacteurs, mais qui ne sont pas nés dans la maison, ou qui n'ont fait que passer.

On n'entend plus le trombone éclater dans la profondeur du nez d'*Albert Brun*, ce sous-officier réformé pour sa taille, qui pleure encore en pensant à sa *grand'mère*, et soupire pour des femmes *en pastel* comme un Léandre de comédie italienne.

On ne voit plus Arthur Arnould, qui fit un jour *Pauvre garçon!* un chef-d'œuvre.

On ne voit plus Savinien Lapointe (est-ce un malheur?), depuis la fois où, dans un dîner à quatre francs par tête, — café compris, — sur la hauteur de la chaussée de Clignancourt, toute la rédaction indignée faillit lui jeter des litres vides à la tête, alors qu'il déclamait ou s'essayait à déclamer : *Le Mendiant, pièce de vers !!!*

Et du pain !

Vallès inséra pourtant le morceau, dur sacrifice à de vieilles amitiés; sacrifice qui lui coûta cher, car il n'eut plus de prétexte pour refuser ensuite une dernière poignée de main à *Dantrague* mourant, un sourire à *André Lemoyne*.

Tous ces gens de la *Rue*, en dehors du chef, qui peut placer partout sa copie au prix fort ; tous ces gens, dis-je, n'ont pas précisément signé de pacte cabalistique avec le diable... sinon pour le *tirer par la queue...*

Bah ! on vit tout de même, et le journal ne s'en porte pas plus mal (1).

Les bureaux sont gais à toute heure. On y *blague* assez agréablement le prochain, — devant comme derrière ; — et l'on y reçoit souvent des visites agréables. Plus d'une femme s'est présentée, qu'on a revue le soir glisser au bras d'un rédacteur, dans des rues aristocratiques. Maintes fois, des gens *du commun* sont venus serrer la main des courageux jeunes gens qui parlaient pour eux et comme eux, racontaient leurs misères et leurs joies mieux qu'eux-mêmes.

Dans les entr'actes, quand le journal *est fait*, il y a la partie de boxe ou d'escrime, de savate ou de chausson, souvenir des luttes antiques et de l'arène Le Peletier. On ferme la porte à clef, et en avant coups de poing, coups de pied, coups

(1) Il y a eu du neuf depuis que ces lignes ont été écrites.

d'estoc et de taille. Simple histoire de développer les organes et de redresser les torses mal conçus, car on n'a jamais eu l'intention de se préparer ainsi aux luttes à venir.

Quand la plume de Vallès attaque, elle demande que la plume d'autrui lui réponde, et ne craint pas la riposte, toujours prête et bien prête à la parade ; mais elle méprise parfaitement les batteries et les gens qui menacent sans cesse de *coucher* leur ennemi *sur le terrain*. Vallès est pourtant un des bons élèves de Dumesnil, le maître d'armes, et le Benjamin de Lecour, *le savatier*.

Savez-vous le meilleur moyen de faire passer un article à Vallès ? C'est de le *tomber* entre deux et quatre heures de l'après-midi.

Pouvillon l'a bien compris, et c'est à l'œil poché que Vallès a traîné quelque temps dans Paris que la *Rue* doit son nouvel adepte, et je l'en félicite.

Pouvillon aura, dit-on, un jour 300,000 livres de rente. Pourquoi donc fait-il de la littérature ? C'est qu'il aime à ciseler dans le silence du cabinet de petites scènes pleines de vie, de sentiment et de réalité. Il travaille avec conviction et bonheur, et il s'admire ensuite naïvement dans ses œuvres. Heureux mortel !

Mais il n'est pas besoin de rentes pour entrer à la *Rue* : il n'est pas même besoin d'être homme de lettres.

La porte est ouverte toute grande, à deux battants ; entrez ! Vous qui souffrez, vous qui avez des regrets, des remords même, vous qui vivez en bas, amers et désespérés, écrivez ce que vous pensez, comme vous le pensez, sans phrases, avec des sensations et non pas seulement avec des mots; et si parfois une phrase choque les heureux, tant mieux !

Ne craignez rien, soyez hardis jusqu'à la témérité ! Vallès ne coupe que les parties molles, et n'a peur de rien !

Quand le Timbre voulut faire un procès à la *Rue*, Vallès lui cria carrément: « Faites le procès, je ne reculerai pas d'une semelle ! » et le Timbre ne fit pas de procès.

Quand le petit Marx (Adrien) — *pauvre garçon* — se fâcha tout rouge et parla de faire aussi son petit procès en diffamation, Vallès lui cria encore :

« Marchez... mais marchez donc! » Et Marx ne fit pas de procès.

Quand... Mais j'allais oublier deux censeurs avec lesquels il faut compter.

Limozin d'abord, *Scipion Limozin*, le gérant responsable, vénérable vieillard qui garde encore trois cheveux blancs et le respect de sa position dans une foule de sociétés utiles et publiques; Limosin qui fut un *lapin comme un autre* en son temps, mais qui depuis a pris de l'âge et du poids, et conseille toujours à la jeune armée d'être *prudente, très-prudente;* ce qui ne l'empêchera pas de faire deux mois à Sainte-Pélagie; — que dira-t-on dans sa province!

Puis voici Kugelmann, l'imprimeur. Ah! celui-là, prenez garde de tomber sous son lorgnon inquisiteur. Il ne fait jamais grâce, et j'estime qu'il n'est peut-être pas dans la collection de la *Rue, un seul* article, *un seul* dessin qui n'ait été quelque peu tronqué par sa bienveillante inquiétude.

Grâce à lui, des numéros en masse sont restés improductifs, retenus par ses craintes dans les magasins; grâce à lui, le numéro 27, — *Cochons vendus*, — n'a pas vu le jour ; et sans attaquer en rien le jugement qui supprima la *Rue*, on s'est étonné dans le public d'une condamnation qui frappe ainsi le poulet dans son œuf, la pensée dans le cerveau de l'auteur. Aucun exemplaire n'est sorti de l'imprimerie ce jour-là ; les rédacteurs eux-mêmes n'ont pu relire leur prose sur la feuille humide échappée à la presse : où diable l'avocat général a-t-il pu se procurer ce journal introuvable pour asseoir dessus son instruction ? Si j'ai bonne mémoire, il a fallu que Mᵉ *Laurier* lui *empruntât* ce précieux document pour en prendre connaissance dans l'intérêt de son client.

. . . .

La *Rue* n'a pu trouver grâce devant le tribunal : elle a été condamnée à disparaître, accusée de s'être occupée de politique, quand elle avait le droit seulement de causer littérature. Elle chantait la *Marseillaise* quand il lui fallait murmurer *Petit oiseau!*

C'est une page de Vallès qui a mis le feu à la maison. A propos de la loi militaire, il brosse un matin un article qu'il appelle les *Cochons vendus*, C'était le lendemain de l'exécution d'Avinain; il commande, en même temps, pour la troisième page, un dessin représentant la cellule d'un condamné à mort.

On voit sous le drap blanc et triste comme un linceul un homme couché comme un cadavre : près du poêle qui ronfle, un soldat est assis, tête bestiale, dos lourd, il se chauffe stupidement les mains. C'est l'abrutissement de l'obéissance, l'exécution résignée et muette de la consigne funèbre.

Le dessin est malhabilement tracé ; il y a des fautes de goût, un contre-sens; mais l'idée est grande dans sa simplicité et saisit le cœur.

Telle est, ce jour-là, la huitième page de la *Rue*. La première est aux *Cochons vendus*.

Ils sont vendus, mais non *livrés*, les malheureux ! L'imprimeur, au dernier moment, refuse de se dessaisir des exemplaires. Vallès arrache à Kugelmann le service des abonnés, sept ou huit cents feuilles, mais tout le reste est mis sous clef ; ce qui n'empêche pas le parquet d'entrer dans le jeu et de poursuivre, non point Vallès, auteur de de l'article, mais le gérant, M. Limozin, dit Scipion ; un brave homme qu'on a décidé, on ne sait comment, à courir les chances de la prison, à condition de toucher 25 francs par mois. M. Limozin a cinquante-cinq ans ; il est chauve, ressemble à Henri IV, mais à Henri IV *se laissant aller* le matin de sa première bataille. Il n'en garde pas moins l'attitude fière du héros quand le président Delesvaux prononce sa condamnation à deux mois de prison. Vallès est là qui le regarde et rallume le courage du vieux aux éclairs de ses grands yeux noirs.

Limozin aurait envie de crier : Miséricorde!! mais le rédacteur en chef exige qu'on lutte jusqu'au bout et qu'on meure avec grâce. Il lève le pouce comme la vestale antique.

Et voilà comment l'imprudent vieillard, se faisant appeler Scipion, conduisit le deuil de la *Rue*.

La maison Vallès ne s'écroula pas pour cela. On décida qu'on tiendrait jusqu'au bout, qu'on vivrait tant qu'il y aurait une juridiction à épuiser.

Le 20 janvier, anniversaire de la mort de Proudhon, un numéro tout entier fut coupé dans l'œuvre du grand penseur, et Courbet envoya un dessin représentant d'après une photographie de Carjat, *Proudhon sur son lit de mort.*

C'était encore là une idée de vrai journaliste, une trouvaille et, sous une forme simple, une machine de guerre : mais, franchement, l'administration n'avait rien à dire, et l'on fut tout étonné d'apprendre que le dessin de Courbet n'était pas autorisé et ne paraîtrait ni à la première ni à la dernière page de la *Rue.*

Courbet et Vallès protestèrent, rien n'y fit. On se résigna à ne pas mettre Proudhon mort ; on encadra le journal de noir, et, au lieu d'un dessin, Courbet envoya une lettre que l'on autographia. Ce numéro devait être tiré à 30,000 exemplaires.

Mais cette fois encore, l'imprimeur se ravise ; il a peur, et, moins heureux même que le numéro des *Cochons vendus,* le numéro de Proudhon n'est tiré qu'à dix exemplaires ; au onzième les presses s'arrêtent.

Vallès va ailleurs. On le voit sur tous les points

de Paris, les cheveux au vent, courant après un imprimeur moins poltron. Rien à faire ! On sait que la *Rue* est supprimée, que le rédacteur en chef est mal en cour, que Rochefort et lui sont les bêtes noires du ministère, et personne ne consent à tirer le numéro de Proudhon. Douze imprimeurs s'y refusent.

Vallès sacrifie Proudhon et, lâchant la *Rue*, se propose de le remplacer par le *Peuple*. Mais c'est une panique générale. M. Pinard épouvante les plus braves ; la maison Vallès est marquée d'une croix rouge comme l'hôtel d'un huguenot à la Saint-Barthélemy, et le rédacteur en chef avec ses collaborateurs, est condamné au silence !

On le rompra, ce silence, le jour où la loi permettra de fonder le *Peuple* politique.

Il n'a, ce journal-là, qu'à garder l'allure et à montrer le courage qu'avait la *Rue*, pour être une des feuilles les plus curieuses et peut-être la feuille la plus hardie de la presse contemporaine.

C'est bien ce qu'il faut à Vallès, les hasards et les périls du Forum ; lui et sa bande, ils feront, je vous le promets, un fier tapage.

De cette maison-là, on tirera sur tout le monde, Vallès l'a dit dans le dernier numéro de la *Rue*, et l'on peut écrire comme une devise sur sa maison battue en brèche cette phrase de son oraison funèbre (11 janvier 1868) :

« Nous continuerons ici ou là, chez nous ou chez les autres, tous ensemble, à frapper au cœur ou à rire au nez des plus redoutables et des plus illustres : les redoutables qui menacent de leur influence, et les illustres qui abusent de leur gloire.

« Nous continuerons à battre en brèche tout ce qui, en dehors de l'Etat ou de l'Eglise, est caserne ou sacristie, attaquant l'ennemi par la colère ou l'ironie, cette arme blanche de l'esprit français. »

V

LA MAISON MILLAUD

V

LA MAISON MILLAUD

Le siége social est encore à la *maison Frascati*, jusqu'au moment où l'administration prendra possession du somptueux immeuble de la rue Lafayette, que le peuple parisien a déjà baptisé du nom de : *Palais du Petit Journal*.

Certes, voilà un palais qui ne renie pas son origine. Loin d'imiter cette sotte catégorie de parvenus honteux qui s'appliquent à dissimuler la source de leur fortune, le monument de la rue Lafayette étale orgueilleusement à sa façade le modeste *sou*, auquel la maison doit succès et prospérité.

Ce *sou* populaire a été la première pierre de l'édifice. Les fondateurs s'en sont souvenus.

Tous les parvenus n'ont pas cet esprit-là !

Il est vrai que quelques-uns seraient bien embarrassés... s'il leur fallait produire ainsi, *coram populo*, la première pierre de leur édifice...

Déjà, depuis le commencement de l'année, la rédaction du *Petit Journal* est installée dans son palais..., avec tout ce qu'il faut pour écrire.

Dans le sous-sol sont les magnifiques presses à clichés cylindriques de Marinoni, avec leurs générateurs.

Au-dessus, les ateliers de clichage ; à l'étage supérieur, ceux de la composition ; et enfin, les bureaux de rédaction, d'où l'on communique ainsi, sans solution de continuité et, par conséquent, sans perte de temps, avec toutes les parties du service.

Le public commence déjà à stationner devant le rez-de-chaussée vitré, d'où l'on voit fonctionner une des presses. Ce spectacle tout nouveau attire la foule avide de s'initier aux secrets de la *cuisine*.

L'édifice n'était pas encore habité, qu'un marchand de vin d'en face arborait une enseigne sous ce patronage : *Au rendez-vous du Petit Journal.*

En attendant la translation de l'administration, qui aura lieu en avril, la maison Millaud occupe toujours les lambris dorés de l'immeuble qui forme l'angle du boulevard Montmartre et de la rue Richelieu, et du balcon duquel on voit défiler le *tout Paris* traditionnel.

En effet, qui donc, dans ce *tout Paris* des affaires ou des premières représentations, ne s'est trouvé en relations d'intérêt ou d'amitié avec la maison Millaud?...

Les plus grands noms de l'époque ont été jetés insoucieusement par l'excellent Gédéon, l'huissier introducteur, aux échos du cabinet des *patrons.*

A force d'en voir passer devant lui, et des plus huppés, Gédéon est devenu profondément philosophe.

Le talent ou la richesse n'exercent plus aucun prestige sur son imagination.

Il en a tant vu faire le pied de grue à la porte du fameux cabinet, qu'il n'a plus conservé d'illusions de jeunesse. Il juge sainement les hommes et les choses.

Il n'apporterait pas plus d'émotion contenue à annoncer Victor Hugo, Lamartine, le Négus d'Abyssinie, le Saint-Père ou Garibaldi, que Le Guillois, le rédacteur en chef de l'*Auvergnat*, l'avocat Gagne, ou Bertron, le candidat humain.

Riche nature que ce brave Gédéon !...

Dans la procession quotidienne qui vient, du matin au soir, assiéger les portes du sanctuaire, son petit œil gris sait distinguer à coup sûr l'homme *sérieux* qui vient *proposer une affaire*, du *besoigneux* qui en veut à la caisse.

Il annonce l'un et l'autre avec la même placidité bienveillante.

Gédéon, qui a vu, sans sourciller, passer devant lui toute la littérature, appartient à l'école du bon sens. Il a des mots que lui envieraient MM. Emile Augier et Léon Laya.

En allumant les lampes, il fait servir une allumette deux fois et s'écrie : « On dépense tant ici !... Si l'on n'économisait pas d'un autre côté, c'est la maison qui pourrait dire : J'en *souffre ! ! !* »

Il est de Gédéon, cet aphorisme tiré de l'histoire naturelle : « Les huîtres, c'est comme les faux bruits ; ça manque de *fondement.* »

Il en a aussi qui sentent l'ancien répertoire : « Les vieux journaux, ça sert toujours ; quand ça ne se vend pas... ça s'accroche... »

. . . .

Avant de pénétrer dans le cabinet des *patrons*, il faut d'abord passer sur le corps de Gédéon.

Mais ce n'est pas tout. Il s'agit ensuite d'ouvrir la porte.

Or, l'honnête Gédéon en tourne consciencieusement le bouton, afin de vous annoncer. Mais, la plupart du temps, la porte résiste à ses efforts, on s'est enfermé à double tour pour éviter l'envahissement permanent dont l'on est menacé ; car, du matin au soir, le flot monte et atteint parfois, dans le courant de la journée, des proportions vertigineuses.

Alors, ceux qui connaissent les *êtres* de la maison se glissent subrepticement par un petit couloir qui mène à une pièce communiquant à l'*enceinte réservée,* et font une audacieuse irruption dans le *sanctum sanctorum,* où MM. Moïse et Alphonse Millaud se dérobent aux *gêneurs.*

Millaud *major* s'y laisse toujours prendre.

Alphonse, lui, a prévu le cas.

Il fait à l'envahisseur l'accueil le plus empressé. Puis, il se lève et, sans affectation, gagne une porte latérale par laquelle il disparaît, comme dans une féerie du Châtelet.

L'envahisseur, qui a vu ce jeu de scène, reste un moment étourdi, mais se rassure en contemplant le chapeau d'Alphonse sur le bureau. Naturellement, son absence sera de courte durée puisqu'il a laissé son couvre-chef : il n'est pas sorti.

Alors, l'envahisseur s'assied et attend patiemment, jusqu'au moment où Gédéon arrive, avec un sourire machiavélique, lui allumer une lampe à l'aide d'une moitié d'allumette.

— M. Alphonse va rentrer, n'est-ce pas?... demande le patient avec une vague inquiétude.

— Monsieur ne rentrera pas, murmure le fidèle serviteur avec mélancolie.

— Mais... cependant... son chapeau...

— Monsieur en a trois!... soupire Gédéon en s'enfuyant.

L'envahisseur est obligé de lever le siége.

Souvent, en opérant sa savante retraite, Alphonse est harponné au passage par un assiégeant qui fait le guet depuis une heure, et qui lui tombe dessus comme l'épervier sur sa proie.

Ce cas a encore été prévu.

Tout en laissant causer son homme, Alphonse s'avance d'une façon insensible vers la porte de l'escalier dérobé, qui descend aux bureaux de l'entre-sol.

Une fois là, au moyen d'un petit mouvement sec, il se dégage vivement et s'évapore en abandonnant un bouton de sa redingote entre l'index et le pouce de son interlocuteur stupéfait.

Nota bene. — Alphonse a chez lui une ouvrière à demeure uniquement chargée de remettre de nouveaux boutons à ses vêtements.

De temps en temps, toutefois, un homme vient

s'interposer entre le flot tumultueux des assiégeants et la porte toujours fermée. Sa parole prudente sait calmer les impatiences fébriles, en faisant luire l'espoir dans les cœurs. Il écoute avec la tranquillité du sage les réclamations qui partent de tous les points comme des fusées à la Congrève. Il connaît l'art de concilier les intérêts divers. Il fait entendre la voix de la raison aux plus animés. Il ramène les plus endurcis; il apaise les plus bouillants. Il conseille; il blâme; il approuve; il opine du bonnet; il console; il encourage...

C'est le prudent Ulysse!...

C'est le sage Nestor!...

C'est Godineau!... Godineau, le maître-jacques de la maison, immeuble par destination; Godineau qui voit tout, entend tout, comme le solitaire...

Il sait plus d'un secret... que l'on voudrait connaître...
Et sa barbe blanchit au service du maître...

Sans Godineau, la redingote d'Alphonse perdrait encore plus de boutons!...

Sur le vestibule, où piétine le public, donnent les deux portes de deux cabinets latéraux.

Dans le premier, on entend toute la journée une mélodie qui chatouille agréablement l'oreille : le doux tintement du métal...

La polka des louis d'or!...

C'est l'antre du caissier... l'incorruptible Emmanuel Hément.

Le farouche Emmanuel, esclave de sa consigne, ne lâche les espèces que contre un *bon* régulièrement revêtu du *visa* directorial...

C'est le dragon qui veille au seuil des Hespérides...

Même devant ce *visa* significatif, il hésite encore... Il pousse l'amour de l'art à un tel point, qu'il a une peine de diable à se décider. A l'instar du joaillier Cardillac, qui ne pouvait se séparer de ses bijoux, Emmanuel ne peut se séparer de sa monnaie. Il n'irait pas cependant, comme ce commerçant fantaisiste, jusqu'à immoler ses clients pour leur reprendre son or...

Car, malgré son air sombre et sévère, malgré son aspect rébarbatif, Emmanuel est un homme bon et serviable... Il en est plusieurs au logis qui en savent quelque chose...

Dans le second cabinet, attenant au précédent, on ne perçoit que le grincement de la plume sur le papier...

C'est le jeune Paul Klotz, le secrétaire intime, qui écrit ses articles de la *Gazette de Hollande* sur le papier de l'administration...

Si l'on en croit certains bruits... de coulisses, le jeune Paul abriterait sous son ombre un nom... cher aux amis de la maison... un jeune poëte qui cache ses myrtes sous une toque noire d'avocat...

A l'entrée de la première salle, porte en face de l'escalier, on trouve le bureau de la régie des annonces.

C'est là que trône le distributeur de publicité de la maison, le régénérateur de la littérature de la quatrième page et du corps humain par la gymnastique, le grand chef du Gymnase de la rue des Martyrs, Eugène Paz, qui soulèverait à bras tendu Timothée Trimm et toute la collection du *Petit Journal* (2,400 !... c'est sa force !...)

Mais, quelle que soit la vigueur de son biceps

nerveux, Eugène n'ignore pas qu'il a en main une puissance autrement formidable, une arme bien trempée à laquelle rien ne résiste : la *réclame!*...

Son frère Alfred est le compagnon de chaîne d'Alphonse. Cogérant du *Petit Journal*, il partage le fardeau de l'administration et facilite les évasions de celui-ci au moment des irruptions dans l'enceinte.

C'est l'homme des relations douces et faciles, l'aimable causeur qui vous fait oublier que vous attendez votre tour depuis trois quarts d'heure, le joyeux camarade dont l'humeur toujours égale ne se ressent jamais des soucis ni des coups de collier de la journée. Il fait tranquillement sa part de besogne sans tapage et sans bruit, et, contrairement à certains autres, reste paisible dans son coin sans faire résonner ses cymbales.

Sa seule faiblesse, c'est la garde nationale. Il occupe le grade de lieutenant dans la milice citoyenne, et est à cheval sur le service. Seulement, il lui arrive d'avoir des distractions sous les armes.

Un soir, il descendait la garde à l'Hôtel de ville.

Après les commandements préliminaires, il accentue un vigoureux : « En avant ! » et s'en va sans regarder en arrière, convaincu que ses hommes le suivent.

Au Palais-Royal, il se retourne et s'aperçoit qu'il est seul.

« Que diable a bien pu devenir mon peloton ? » murmure-t-il *in petto*.

Et revenant vivement sur ses pas, il retrouve ses hommes toujours à la même place, un pied en l'air, et le tambour la baguette levée...

... Alfred se frappe le front et vocifère un retentissant « *Arche !...* » qui amène le résultat désiré.

Ce fait mémorable a été consigné dans les fastes de l'état-major, comme le plus bel exemple de discipline qu'ait jamais donné la garde nationale parisienne...

... Nous voilà dans la place... dans ce cabinet si bien défendu contre les agressions du dehors... Ce bon et caustique sourire qui s'épanouit sur cette grosse lèvre malicieuse, ce fin regard qui pétille à travers les légendaires lunettes d'or, comme le vin de Champagne à travers la bouteille...

Vous l'avez reconnu?... c'est Millaud!...

Quel homme a l'abord plus bienveillant?... la repartie plus prompte?... l'imagination plus féconde?... le linge plus luxueux?... l'esprit plus charmant?... le veston de velours mieux capitonné?... la voix plus criarde quand il se monte... et le louis plus facile?...

Quel homme aussi a été plus exploité?.. plus pillé?... plus flatté?... plus étrillé?... plus ennuyé?... plus rasé?... plus blâmé?... plus approuvé?... plus conseillé?...

A qui a-t-on plus mangé dans la main?...

Quelle vie a été plus envahie que la sienne?...

A qui a-t-on écrit plus de lettres?...

Qui a commis plus de calembours?...

. . . .

Millaud a une passion incroyable pour les affiches. Affiches allégoriques, grandes, petites, noires, peintes, il en met partout.

Qui ne se rappelle les fameuses affiches des Thugs?

Il en est une que peu de personnes ont vue, et pour cause : c'est celle que fit faire Millaud lors de l'exécution de Jacques Latour.

Millaud avait commandé cette affiche à Monréal. Une affiche haute de deux mètres, avec de grandes lettres noires. Puis, au milieu, une tête de *décapité parlant*. Le sang jaillissait partout. C'était horrible. Cochinat était chargé d'aller les arroser de sang, afin d'entretenir leur fraîcheur. Pour frapper davantage l'esprit des populations, Millaud donna ordre de poser les affiches le soir.

L'ordre de Millaud fut suivi à la lettre par Monréal.

. . . .

Le lendemain Millaud prit une voiture découverte, mit ses lunettes neuves et s'en alla, afin de juger *de visu* l'effet de ses prodigieuses affiches.

Millaud n'en trouva pas une seule, elles avaient toutes été supprimées par la police.

Millaud rentra furieux ; il fit venir Monréal et lui dit : « Je vous avais commandé de faire quelque chose attirant l'œil, *mais non les sergents de ville !* »

Peu de romanciers, peu d'auteurs dramatiques

ont eu autant d'idées de romans, autant d'idées de pièces que Millaud.

Beaucoup de littérateurs en ont profité... sans s'en vanter.

Il a toujours eu la déplorable habitude de se laisser aller, dans l'intimité, à conter des sujets de drames, de comédies, de vaudevilles ou de feuilletons : les intimes en ont énormément abusé.

Mais cela ne le corrige pas.

Millaud est un homme incorrigible. Il éprouve le besoin, un besoin indomptable, absolu, irrésistible, d'épancher à tout venant le trop plein de ce qui bouillonne sous son crâne continuellement en ébullition.

De plus, il a une infirmité incurable : le *jeu de mots !*...

Il y en a à la Salpêtrière qui n'en ont pas fait autant.

Circonstance aggravante :

Il a été maintes fois surpris en flagrant délit de *provocation au calembour*, à l'endroit de ses rédacteurs, délit non prévu par le Code pénal (1).

(1) Voir le *Nouvel illustré* de l'année 1866!!!

Que voulez-vous ?...

Comme l'a dit jadis notre regretté Lambert Thiboust : l'homme n'est pas parfait.

Une des plus jolies exploitations qui aient été pratiquées sur le *patron* est la suivante :

Un de nos célèbres... littérateurs fit insérer, pendant quelque temps, au *Petit Journal,* une série de lettres où il se faisait à lui-même la plus magnifique et la plus gigantesque réclame, en faveur d'un de ses romans en cours de publication dans une autre feuille.

Millaud, avec sa facilité ordinaire, lui avait gracieusement accordé l'insertion gratuite de ces longues réclames épistolaires.

...Un mois après, le romancier vint lui présenter un compte de lignes qui montait à un chiffre assez rond.

— Qu'est-cela ? dit Millaud.

— Mon petit compte de copie, répondit l'autre. Vous savez ? mes lettres du mois dernier...

Le *patron* trouva la chose si ébouriffante qu'il s'empressa de signer un bon, que l'autre se hâta d'aller toucher.

C'est le même qui donna un jour comme inédit un roman ayant déjà paru dans divers journaux.

On ne s'en aperçut que quand il fut payé.

Quant à Alphonse, c'est le pilote habile qui tient d'une main sûre la barre du gouvernail en guidant la marche du navire à travers les récifs.

C'est l'homme sympathique par excellence, qui a su se concilier l'estime et l'affection de tous ceux qui le connaissent.

Dans le département qui l'a vu naître et où l'on ne jure que par lui, il jouit d'une immense popularité due autant à son caractère personnel qu'à l'honorabilité traditionnelle de son nom.

Il n'aurait qu'à faire un signe à ses compatriotes... pour passer de son cabinet à... la *Chambre...*

Le moment pittoresque de la maison Millaud, l'heure intéressante où on peut la voir en déshabillé, c'est entre quatre et six, quand le torrent s'est écoulé, que la foule est partie et que Gédéon vient magistralement allumer les lampes et raviver le feu de la cheminée.

Alors, le fameux cabinet est ouvert. Alphonse,

courbé sur son bureau, achève sa correspondance.

Godineau compte avec anxiété les boutons qui manquent à sa redingote.

Alfred Paz, assis en face d'Alphonse, termine fiévreusement quelque calcul compliqué, ou se livre à l'examen d'un traité quelconque.

Par chaque porte débouchent les habitués.

Ce sont d'abord les deux Frères siamois du *Petit Journal* : Stenne et Escoffier, les cuisiniers en chef, qui viennent prendre le mot d'ordre du lendemain, et savoir à quelle sauce ils devront accommoder le plat du jour ; puis Depage, le censeur sévère et Laurens, auquel incombe la partie des faits coupables et malheureux.

Derrière eux se profile dans l'ombre le buste avantageux de Marc Constantin, une des belles fourchettes de la capitale.

Les qualités exceptionnelles de son appareil digestif, autant que son encolure respectable, l'ont fait désigner pour représenter le *Petit Journal* dans les solennités gastronomiques.

Dans les réunions populaires, il a la spécialité

des toasts à effet comprimé. Il excelle à jeter au dessert, après le dernier litre, quelques paroles bien senties qui sèment une douce émotion parmi les convives...

Cet autre, qui profite de l'occasion pour se griller les tibias à la flamme de l'âtre et qui ressemble à un notaire frileux, c'est Clarion, l'inaugurateur des monuments publics.

Il vient s'informer s'il n'y a pas le lendemain quelque cérémonie sur le tapis.

Quatre heures et un quart.

Timothée Trimm fait son entrée.

Il va droit à *sa boîte*. Des monceaux de lettres s'en échappent et s'éparpillent sur le sol.

Pour le premier ténor du *Petit Journal*, l'heure de son courrier n'est pas une sinécure.

Chaque lecteur croit se devoir à lui-même d'écrire à son chroniqueur favori, et de le consulter sur tous les cas embarrassants. Les dames des départements lui font leurs confidences. Parfois, des commerçants lui expédient des échantillons de leurs produits, afin qu'il puisse en parler *ex professo*.

7.

Les honorables expéditeurs ne se doutent pas que leurs cadeaux reviennent souvent très-chers à Timothée.

Dernièrement, n'a-t-il pas dû payer une vingtaine de francs de droits d'entrée pour une petite caisse de liqueurs, dont la moitié s'était répandue en route...

Encore beaucoup de cadeaux comme celui-là, et il y mangera ses appointements.

Quatre heures et demie.

Des lettres, encore des lettres...

Des paquets, des rouleaux, des boîtes, des caisses, des paniers, des bourriches, des cartons... une avalanche de colis à son adresse...

La vie d'un homme suffira-t-elle à dépouiller cette correspondance insensée ?...

Timothée finit par battre en retraite.

Signe particulier : Timothée, si *béché* par les confrères, ne *bêche* jamais personne.

On dit qu'il est égoïste ?

Il a, sacrebleu!... bien raison.

Ce qu'il y a de certain, c'est qu'il reste toujours complétement étranger aux *potins* et aux petites querelles de ménage, et ne se mêle jamais des affaires des autres.

A une époque où tant de gens trempent leur plume dans le vinaigre, il est à remarquer que Timothée n'a pas cessé de tremper la sienne dans le miel.

Moi, je regarde cela comme très-fort.

Cinq heures.

On arrive par groupes : Tapié, l'agriculteur en chambre, chargé de la partie agricole, qui tremble toujours, à chaque gelée intempestive, pour les biens de la terre... — le rédacteur masqué, qui fait les *Travaux de Paris;* — Émile Gaboriau, l'inépuisable feuilletoniste de la maison; — le bon Cuchinat, le conservateur juré des annales du crime, un écrivain plein de *couleur;* — le rabelaisien Monselet, qui a mis l'esprit en bouteilles; — Étienne Énault, enfant chéri des dames; — l'auteur de l'*Aumônier de Cayenne* et du *Courrier de Lyon*, dont la poste s'honore, Pierre Zaccone... *et tutti quanti...*

Le cabinet s'emplit.

Les conversations s'engagent.

Et Alphonse écrit toujours...

SCÈNE Ire

COCHINAT, bas à Paz.

Lis-moi un peu cet article.

(Il lui présente le *Petit Journal*.)

PAZ, préoccupé.

Je n'ai pas le temps.

COCHINAT.

C'est mon article d'hier. Lis-le, je t'en prie.

PAZ.

Plus tard.

COCHINAT.

Non. Tout de suite.

PAZ, avec impatience.

Plus tard.

COCHINAT.

Tout de suite. Je te dirai pourquoi.

PAZ, agacé.

Laisse-moi tranquille.

COCHINAT, lui mettant le journal sous le nez.

Paz... Tu ne voudrais pas m'affliger?... Sérieusement, je te prie de prendre immédiatement connaissance de cet article.

PAZ, avec un soupir.

Que le diable t'emporte !

(Il lit.)

MONSELET, bas à Alphonse.

Ai-je dit une avance? Une avance, soit... Mettons que ce soit une avance. Ça se retrouvera.

ALPHONSE, écrivant.

Eh bien... demain, n'est-ce pas?

MONSELET.

Demain?... C'est bien tard. Entre aujourd'hui et demain que de choses !!! Tu n'aimerais pas mieux tout de suite ?...

(Il lui passe un bon à signer.)

PAZ, rendant le journal à Cochinat.

Eh bien... après ?...

COCHINAT.

Tu l'as lu ?

PAZ.

Sans doute.

COCHINAT.

Eh bien, tu vas me rendre le service de dire à Alphonse que tu viens de lire de moi un article palpitant d'intérêt.

PAZ.

Pourquoi cette supercherie ?

(Cochinat lui parle à l'oreille.)

PAZ.

Ah !...

COCHINAT.

Et c'est demain le 15 ! ! !

TAPIÉ, à Gaboriau.

Un temps semblable est funeste pour les orges.

GABORIAU.

Et encore plus pour le porte-monnaie.

(Il cherche en vain sur le bureau un bon à faire viser à Alphonse. Monselet a tout accaparé.)

TAPIÉ.

L'agriculture a des besoins incessants.

GABORIAU, avec intention.

Et Monselet aussi.

MONSELET.

Hélas!... qui n'a pas ses besoins?... (*A Alphonse.*) Signe-moi donc encore celui-là ce soir. Cela m'évitera de revenir demain. *Time is money...* comme disent les Anglais dans leur ignorance de la langue française...

GABORIAU, réussissant à mettre la main sur un bon à viser.

Enfin!...

(Il le signe et le passe à Alphonse.)

COCHINAT, même jeu.

TAPIÉ, même jeu.

TOUS, même jeu.

Alphonse signe... signe.., signe...

(On se rue sur le caissier.)

ÉTIENNE ÉNAULT, à Alphonse.

Et mon feuilleton?... Quand passe-t-il, mon feuilleton?

SCÈNE II

LES MÊMES, RENÉ DE PONT-JEST.

RENÉ DE PONT-JEST.

Un feuilleton ?... Voilà !...

ALPHONSE.

Merci. Il en pleut.

RENÉ DE PONTJ-EST.

Comment ?... Est-ce qu'on oublie ici que c'est moi qui ai fait *les Thugs* ?

GÉDÉON, à part, époussetant et haussant les épaules.

Les Thugs ?... Allons donc !... Nous en avons fait chacun un chapitre.

(Exit.)

COCHINAT, à Paz.

Fais-lui donc lire mon article.

PAZ, à Alphonse.

Voilà un article de Cochinat joliment troussé. (*A part.*) C'est bien lâche ce que je fais là !

ALPHONSE.

Voyons.

(Il lit. Cochinat se frotte les mains et prépare un nouveau bon.)

ÉTIENNE ÉNAULT.

Et mon feuilleton?... Quand passe mon feuilleton ?

RENÉ DE PONT-JEST.

Un feuilleton? Voilà. Souvenez-vous des *Thugs!*

COCHINAT, à René, avec inquiétude.

Ne l'empêchez donc pas de lire.

RENÉ DE PONT-JEST, à part.

Accapareur!...

(Alphonse cesse de lire et passe le journal.)

COCHINAT, avec anxiété.

Eh bien ?...

ALPHONSE, souriant.

Cochinat... C'est après-demain que s'ouvrent les débats du procès de Brives-la-Gaillarde. Il n'est que temps de vous mettre en route, mon ami.

COCHINAT, avec humeur.

On me fait travailler comme... un blanc... ici!

MONSELET, à part.

Le veinard !... Il aura des frais de route.

Six heures sonnent... Alphonse sort en laissant un de ses chapeaux sur le bureau.

Le cabinet se vide.

Gédéon vient éteindre les lampes...

Il regarde tout le monde filer en murmurant :

« Peut-on recevoir tant de journalistes dans une pièce parquetée ?... »

. . . .

VI

LA MAISON SARI

VI

LA MAISON SARI

La maison qui change le plus de place de tout Paris. Si vous restez plus de six mois sans voir Sari, vous pouvez tenir comme certain que vous ne le retrouverez pas au même endroit.

Jamais la maladie du déménagement chronique n'a atteint des proportions aussi exorbitantes que chez l'ancien impresario des Délassements-Comiques. Jamais pénates ne furent plus transportées que les siennes; ses dieux lares doivent avoir des courbatures.

Trois déménagements, à ce que prétend le proverbe, équivalent à un incendie... A ce compte,

Sari, qui a déjà subi la monnaie de vingt incendies, doit avoir lassé la patience de toutes les Compagnies d'assurances.

Une chose à noter : dès qu'il arrive dans un nouvel appartement, il s'installe comme pour y rester toute sa vie.

Il espère avoir enfin mis la main sur son idéal et procède de la meilleure foi du monde à un arrimage sérieux ; il fait poser des papiers, ajouter des moulures aux plafonds, des baguettes d'or aux tentures ; il fait repeindre les boiseries de la salle à manger, renouveler les plinthes de toutes les pièces, construire des briquetages dans les cheminées, etc.

Puis, quand tout est fait, il s'aperçoit que ce n'est encore pas ça son affaire ; et, au terme suivant, il donne congé et s'en va élire domicile, pour quelques mois, dans d'autres régions qu'il ne tardera pas à quitter encore.

Sari descend évidemment de ces peuples pasteurs, tribus nomades qui passaient leur vie à changer de campement, à planter leurs tentes au gré de leur humeur vagabonde.

Comme tant de déménagements successifs finissent par écorner ses meubles, il y a toujours quelque pièce du mobilier à renouveler à chaque fois; aussi, au bout d'un certain temps, le mobilier se trouve-t-il avoir subi les transformations du fameux couteau de Jeannot, dont on commence par changer la lame, puis plus tard le manche; et Sari vous dit avec satisfaction : « Voyez un peu « ce gâteux de proverbe!... J'ai beau déménager, « mon mobilier est toujours tout neuf. »

Au moment où nous écrivons ces lignes, le siége de la maison Sari est au n° 23 du boulevard Poissonnière, dans un charmant appartement, avec terrasse sur le boulevard. Il vient de s'y installer, y a fait des frais considérables, et songe déjà qu'il est bien loin de l'Athénée et de son agence théâtrale du boulevard des Italiens...

Y sera-t-il encore quand paraîtra notre livre?..
Chi lo sa (1)?...

Malgré tout, et tout descendant des tribus nomades qu'il puisse être, Sari est peut-être le plus pur type du vrai Parisien qui soit dans Paris.

(1) Il y est encore... Etrange!

Véritable enfant du sol, doué d'une forte dose de philosophie légère, modèle de sybaritisme élégant, étincelant de verve, d'entrain et d'*humour*, profondément gouailleur, spirituellement sceptique, il n'est guère que sur *certain chapitre* que Sari croie que *c'est arrivé*.

Que voulez-vous; on n'est point parfait... et les femmes sont si habiles à trouver le défaut de la cuirasse !...

Enfin il lui sera beaucoup pardonné parce qu'il a *beaucoup* aimé...

La maison Sari a des côtés pittoresques qui feraient hurler des bourgeois. La légendaire Sophie du docteur Véron se serait enfuie, la main sur les yeux et l'indignation au cœur, de cet intérieur fantaisiste où l'on passe des nuits à souper et à jouer du cor de chasse, où l'on déjeune à cinq heures du matin, où l'on dîne tantôt à trois heures, tantôt à neuf heures du soir, suivant les caprices ou les besoins du moment : l'irrégularité la plus étendue étant la première règle de la maison.

Un jour, dans je ne sais plus quelle revue des anciens Délassements-Comiques (les *Délass. Com.*,

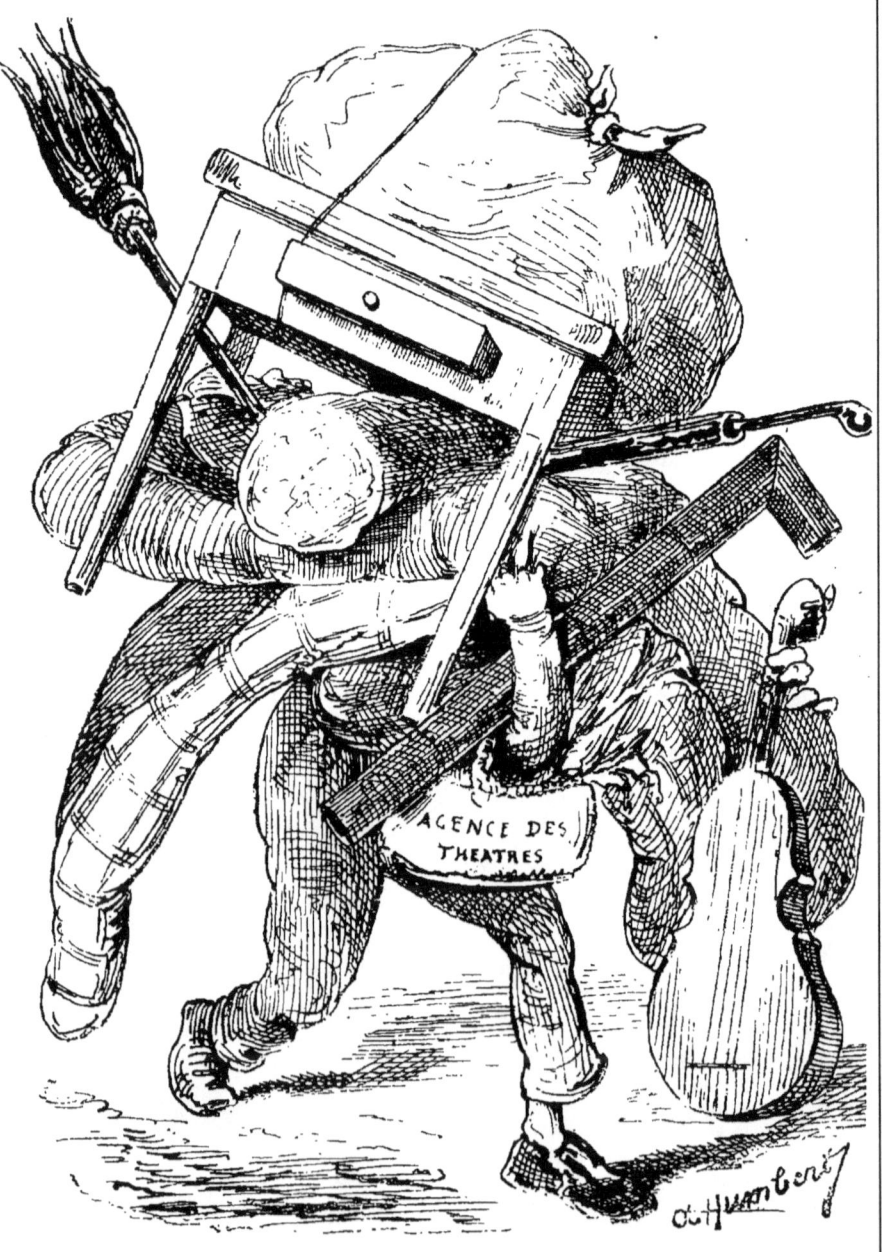

MAISON SARI

comme on disait alors), Sari introduisait un personnage épisodique; c'était un zèbre qui sortait d'une forêt pour venir chanter un rondeau sur l'augmentation des denrées alimentaires (1)...

Toute l'existence de Sari peut se résumer dans cette image allégorique : « *Il a son zèbre,* » c'est-à-dire ses aspects insensés qui stupéfient les populations primitives.

C'est cet oseur, nourri dans les saines doctrines, qui a porté le premier coup à l'échafaudage de bimbeloterie romanesque auquel croit encore la partie naïve de la société des gens de lettres.

Il vous prouve, clair comme le jour, que la Suisse, par exemple, n'est qu'un *coup monté* aux Anglais par les aubergistes, qui leur ont brossé une Suisse de carton, histoire de les attirer dans le pays.

Tout le monde sait que, quand vient le beau temps, les aubergistes sortent les montagnes et les glaciers du magasin des accessoires. Tous les ans, on paye un Savoyard pour jouer le rôle du mylord qui, en gravissant le mont Blanc, se laisse

(1) Cet épisode fut supprimé par la censure.

tomber dans une crevasse. Dans les bonnes années, on se fend d'une ou deux avalanches, ce qui augmente les frais, mais force toujours la recette.

Il trouve que Venise *nous la fait beaucoup trop à la poésie,* et la démolit de fond en comble. C'est une ville très-humide, où il y a énormément d'insectes; il engage le voyageur à se méfier des *hôtes de ses bois... de lit.* La fameuse cérémonie du mariage du doge avec l'Adriatique est encore *un coup qu'on monte aux Anglais.* Le célèbre *Bucentaure* est un bateau de blanchisseuses arrangé pour la circonstance, d'où l'on jette à l'eau une bague de chrysocale de la valeur de trois francs, qu'un caniche dressé à la chose rapporte chaque fois, et qui sert pour l'année suivante.

Le soir, les rues sont éclairées *à giorno,* ce qui signifie : comme dans le jour... c'est-à-dire pas du tout.

Passé dix heures, la police paye des commissionnaires qu'elle envoie, embossés dans des manteaux marrons, gratter des mandolines d'occasion sous les balcons des demoiselles de la confection, qui leur jettent un sou pour s'en débarrasser.

Inutile d'ajouter que les gondoliers viennent tous de Saint-Flour.

De sorte que, quand les Anglais sont de retour au pays, ils racontent aux badauds les merveilles de *Venise la Belle,* sans se douter qu'on les a roulés tout le temps pour leur argent.

Il n'y a rien de sacré pour ce sceptique de Sari.

Si vous lui parlez des Titien et des Véronèse de la galerie Pitti de Florence, il vous répondra que ce sont des toiles fabriquées au kilo, dans la rue de l'Ouest ou au boulevard de Clichy, pour l'exportation.

Si vous revenez, tout enfiévré d'enthousiasme, d'une excursion au Vésuve, il vous demandera froidement si *le volcan a fait de l'argent cette saison...*

Ne le mettez pas sur le chapitre des monuments, il vous répondrait : « C'est des tas de pierres qui « ne servent à rien ; histoire de faire travailler les « maçons sans ouvrage. »

Toujours son zèbre !

Avec cela, c'est une des belles fourchettes de Paris. Il a un appétit de collégien en vacances et un estomac de dromadaire.

Certain Mécène aime à recevoir à sa table une collection choisie de gens de lettres qui lui font, en échange, une réputation de bel esprit. On voulut la compléter par la présence de Sari, sur lequel on comptait beaucoup pour égayer la soirée. Mais celui-ci n'ouvrit la bouche que pour manger et boire. L'amphitryon finit par lui en exprimer naïvement sa stupéfaction.

« Voyez-vous, dit Sari en terminant, lorsque j'ai un habit noir sur le corps, je me prends toujours pour mon notaire. »

C'est surtout pendant l'été que le *zèbre* se développait avec frénésie dans la maison Sari.

Aux premiers soleils d'avril, le siége de l'établissement était transféré en pleine Marne, à l'île d'Amour. La fantaisie la plus échevelée régnait en ce riant séjour, que les habitants du pays croyaient hanté pendant les premiers mois de l'occupation.

Les bonnes ne restaient pas dans cette maison de plaisance. Elles étaient épouvantées des excentricités qui s'y commettaient à toute heure du jour et de la nuit.

D'abord, les maîtres de la villa et leurs hôtes étaient revêtus de costumes étranges empruntés au magasin des Délassements-Comiques. Chacun avait en poche son couteau, un énorme catalan, dont il se servait à table.

Une grosse cuisinière bourguignonne, arrivée seulement le matin, fut en proie à un accès de de terreur tel, en apportant le déjeuner à ces singuliers convives, qu'elle se sauva précipitamment jusqu'au canot, et gagna le continent à force d'avirons.

Elle se crut, de bonne foi, tombée dans une caverne de brigands.

On ne l'a jamais vue depuis; elle n'est jamais venue réclamer ses effets, qu'on tient toujours dans une malle à sa disposition depuis ce moment (1).

A certains jours difficiles, un ami avait trouvé à Sari un bailleur de fonds, qui consentait à mettre une somme assez ronde dans son théâtre des Délassements-Comiques. L'ami se hâta d'en faire part à Sari, qui insista pour qu'on lui amenât ce précieux bailleur passer le dimanche suivant à l'île.

(1) J'ai vu la malle.

Ce bailleur était un homme chauve, d'aspect vénérable, à la cravate blanche, aux lunettes d'or, et n'ayant aucune idée du *zèbre* de la maison Sari.

On arrive dans l'île. L'ami, contrarié de ne pas avoir vu le maître du logis venir à leur rencontre, demande à un jardinier de lui indiquer où il se trouve. — « Là bas, derrière la charmille, » dit le jardinier ; monsieur *compte son linge.*

— Un homme d'ordre !... murmure le bailleur avec satisfaction.

On avance... et l'on tombe sur Sari, vêtu d'un chapeau de paille et d'un caleçon de bain, et environné d'un essaim de folles naïades, achevant un déjeuner plantureux au bord de l'eau, sous les lilas en fleur.

C'est ce que son jardinier traduisait par ces mots : « *Monsieur compte son linge.* »

L'ami devient rouge, le bailleur cramoisi. Notez que ce dernier était en habit et qu'il avait des gants !...

Le directeur des Délassements avait complétement oublié l'entrevue.

Du coup, l'affaire fut ratée.

Un soir, un créancier intraitable vint au théâtre des Délassements et réclama le directeur avec une insistance qui menaçait de tourner à l'orage.

On avait beau lui dire que le directeur était à la campagne; le créancier jurait qu'il ne se retirerait pas sans l'avoir vu. Alors le frère de Sari, qui se trouvait là, dit deux mots à l'oreille d'un camarade, qui disparut aussitôt.

— Vous tenez absolument à voir mon frère?.. demanda le jeune homme.

— Absolument! répondit l'autre, je ne me coucherai pas sans cela.

— Suivez-moi donc.

On prend une voiture, on arrive à la gare de la Bastille, on monte en vagon, on descend à la station; il faisait noir comme dans un four : minuit sonnait à l'horloge du chemin de fer.

— Êtes-vous toujours décidé? dit le frère de Sari.

— Plus que jamais! s'écrie le farouche créancier.

On marche donc dans l'obscurité jusqu'à la rivière.

Là, il faisait encore plus noir.

Le jeune homme donne un coup de sifflet. On lui répond de l'autre bord, et, quelques instants après, un canot accostait. Un homme masqué, vêtu en rouge, en bourreau du moyen âge, était à la barre ; un pifferaro, avec une cornemuse au dos et un grand couteau à la ceinture, tenait les avirons.

Le créancier eut un mouvement de surprise.

— Si vous ne voulez pas venir, dit le frère de Sari, il est encore temps.

— Marchons ! fit l'homme, qui a servi dans la garde nationale.

On embarque silencieusement. Au milieu de la rivière le canot s'arrête. Le pifferaro laisse les avirons à son camarade, détache sa cornemuse et en tire des notes criardes qui font hurler des chiens non loin de là. Le créancier tient bon.

On débarque. Une meute d'épagneuls se précipite dans les jambes des arrivants et les escorte de ses aboiements jusqu'à la porte de la maison.

Là, une nouvelle pause.

— Vous tenez absolument à voir M. Sari ? demande encore le frère.

— Ah çà ! finissons cette comédie, s'écrie le créancier, qui commence à être un peu ému ; je ne veux pas me coucher sans l'avoir vu !

Alors, on donne un coup de sifflet. C'est un singe de la grande espèce qui vient ouvrir la porte. On entre. L'homme reste seul avec le singe. Décidément, il commence à regretter d'être venu. Le singe lui fait des agaceries, et, lui indiquant du geste toute une collection de vêtements suspendus à la muraille, lui donne à entendre que ce sont les vêtements des victimes.

On a beau être garde national, on n'en est pas moins impressionnable. L'homme se sent envahi par des images sinistres et se met à crier : — Au secours !

Alors, un coup de tam-tam se fait entendre, et Suzanne Lagier apparaît dans le costume de Marguerite de Bourgogne. Elle l'appelle Buridan et lui annonce qu'il va mourir.

Le malheureux sent sa raison lui échapper...

Tout à coup entrent des ours et des lions qui apportent un punch gigantesque.

On lui entonne verre sur verre, en chantant en chœur l'air du *Miserere*, du *Trouvère*.

Quand il est complétement gris, on le déshabille, on lui passe d'autres vêtements, on le rembarque dans le canot...

Et le matin, au petit jour, il se réveille dans un costume d'orang-outang au milieu du potager d'Hostein, à Nogent...

Il en a fait une maladie, mais Sari en a été débarrassé pour longtemps.

Hâtons-nous, d'ailleurs, d'ajouter que, plus tard, il a été payé... comme les autres... en *monnaie de singe...*

Le costume dont il était vêtu était une féroce allégorie...

On comprend que Sari ne s'est jamais porté comme candidat à l'Académie (1). Mais il est redevenu directeur ; il a joint à son agence théâtrale du boulevard des Italiens (une idée superbe qu'il a eue il y a quelques années), le théâtre de l'Athénée, dont il a pris la direction, en société avec Busnach ; et soyez sûrs qu'il va en faire un vrai

(1) Peut-être a-t-il eu tort!...

théâtre parisien, où l'on s'amusera, j'en réponds d'avance (1). Par exemple, ce sera le règne de l'insensé poussé jusqu'à ses dernières limites. Tant mieux : aujourd'hui le vent est aux cascades plus que jamais.

Plus la situation est tendue, plus le public demande le *Zèbre*...

---

(1) Le théâtre de l'Athénée a ouvert par une pièce qui n'a pas réussi, *Madame Milbroug*. Il prendra sa revanche, j'en suis certain.

VII

LA MAISON FRÉDÉRICK LEMAITRE

VII

LA MAISON FRÉDÉRICK LEMAITRE

10, rue de Vendôme. Un beau désordre : des tire-bottes sur le guéridon du salon; des pantalons sur les fauteuils ; des bougies sur le canapé ; dans les coins, des livres, des brochures, des sacs de nuit, des cannes, des bottes et des chaussons de Strasbourg. Sur la cheminée, une pendule qui ne marche pas, et un de ces encriers d'artiste où il y a de tout, excepté de l'encre.

Un capharnaüm... un chaos... un fouillis...

Dans la chambre à coucher, des glaces à droite, des glaces à gauche, des glaces dans le fond du lit, des glaces partout.

Sur la cheminée, une pendule qui ne marche pas. Les pendules ne marchent jamais dans la maison Frédérick.

La pièce importante, c'est le cabinet de toilette : les accessoires y sont considérables.

Il y a tout un attirail de seaux et tout un monde de vases de toute nature. Les cuvettes atteignent à des proportions vertigineuses ; les pots à eau, ventrus comme des poussahs, cubent presque autant de litres que le grand bassin des Tuileries.

Tout est grand chez cet homme !!!

Dans cet intérieur à la Rembrandt, le vieux lion circule enveloppé d'une robe de chambre sur laquelle tous les oiseaux de la création semblent avoir laissé des traces. Dessous, pas de vains ornements. La culotte est proscrite à domicile. C'est revêtu de cette robe de chambre historique, pour tout vêtement, que Frédérick reçoit habituellement son monde. Seulement, il oublie toujours qu'il n'a pas d'autre parure, de sorte qu'il n'y songe jamais en s'asseyant..., et cela offre bien des inconvénients... sans qu'il s'en doute.

Ce qu'il y a de particulier chez lui, c'est qu'il est superbe dans cet accoutrement, sous lequel un autre serait grotesque.

Soit qu'il change, comme il fait tous les matins, ses meubles de place; soit qu'il décroche ses tableaux pour les accrocher ailleurs; soit qu'il compte son linge sale avec des pincettes, suivant son habitude,... le côté plastique surnage toujours... il est toujours magnifique de gestes, d'attitude, d'excentricité.

Sa crinière, incessamment tourmentée par sa main fiévreuse, se dresse en pyramide ébouriffée au-dessus d'un crâne monumental.

A la lumière, sa silhouette prise ainsi est fantastique : c'est un type à faire rêver l'ombre d'Hoffmann.

Frédérick chez lui est tout un poëme. Il y a des divergences incroyables dans son caractère : le matin, à jeun, il est intraitable ; le soir, après dîner, d'une humeur charmante.

Le solliciteur besoigneux qui se présente à l'heure néfaste du matin est brutalement éconduit. Mais s'il vient le soir, il reçoit, certainement, un bon conseil et un excellent accueil : jamais d'argent, par exemple !

Dans la maison Frédérick, tout tremblait jadis sous sa main de fer. Jamais despote de l'Orient ne courba ses esclaves sous sa loi comme le grand comédien a courbé sa famille, ses serviteurs et tout son entourage sous les caprices fantasques de sa volonté aveugle.

L'histoire ancienne, dans ses annales, n'offre rien qui puisse être comparé à cette effroyable tyrannie domestique. Si ce puissant brûleur de planches eût vécu à ces époques reculées, et qu'il eût possédé le pouvoir des fléaux légendaires de la Rome antique, il eût, dans ses excès de despotisme, dépassé les Néron, les Tibère, les Caligula et les Héliogabale...

Au fond, il est d'un égoïsme naïf. Il disait un jour à l'un de ses fils, âgé de vingt ans, qu'il soupçonnait d'une liaison : « Quand on possède un père comme moi, on n'a pas besoin de maîtresse... »

Sous tous les rapports, la Providence a comblé Frédérick. Il a eu des enfants dont la bonté égale l'intelligence..., à un tel point, qu'ils ont su comprendre et excuser les écarts de cette organisation d'élite. Grâce à leur admirable intuition filiale, ils ont senti qu'ils ne devaient pas juger leur père dans la mesure commune, et que le génie avait ses immunités.

Aujourd'hui, les trois fils de Frédérick occupent dans le monde dramatique une honorable position qu'ils ne doivent qu'à eux-mêmes. Sa fille est mariée à un galant homme qui n'a pas reculé devant les obstacles apportés par ce père enragé de voir un de ses esclaves se soustraire à sa terrible domination. Eh bien ! pas un, en quittant ce foyer, en brisant ses fers, n'a eu un mot d'amertume pour le tyran... Tous les quatre ont conservé au fond du cœur une respectueuse tendresse pour ce père, une profonde admiration pour cette vieille gloire...

A ce propos, je me souviens d'une anecdote qui rappelle une scène de *l'Auberge des Adrets*, et dans laquelle le grand Frédérick fut à la hauteur de son immortelle création de Robert Macaire.

C'était quelques jours avant le mariage de sa fille. On signait le contrat. Frédérick avait jugé bon de réduire à une somme très-minime le chiffre de la dot.

En plus, il avait ajouté un trousseau auquel il attribuait une valeur de 1,500 francs.

Au moment où le notaire donnait lecture des avantages matrimoniaux, Frédérick Lemaître se leva et, avec ce geste inimitable dont il a seul le secret, s'écria : « La fille de Frédérick n'a pas besoin de dot... Monsieur le notaire, rayez la dot. »

Un froid se produisait dans la réunion, quand le gendre se lève à son tour et dit : « La fille de Frédérick a assez, pour s'habiller, de la gloire de son père... Monsieur le notaire, rayez le trousseau. »

Plus tard, quand sa fille fut dans une position intéressante, il la prévint qu'il ne voulait pas qu'on lui amenât ses petits-enfants, parce que, disait-il, *il n'était pas d'âge à être grand-père.*

Ses rapports avec les fournisseurs sont extrêmement tendus : il ne leur paye pas une note sans les faire revenir trois ou quatre fois, non parce qu'il discute leurs créances, mais simplement par suite de son instinct inné de despotisme, et pour leur faire sentir le joug.

Quand il faisait sa promenade quotidienne au bois de Boulogne, et que les employés de l'octroi lui adressaient, à son retour, l'interrogation sacramentelle : « N'avez-vous rien à déclarer ? » Frédérick entrait en fureur, et leur répondait de telle façon que ces fonctionnaires se voyaient obligés de le faire descendre et de visiter de fond en comble la voiture, au milieu de ses imprécations.

Les cochers, généralement si raides avec le public (1). Frédérick les dompte, comme Batty dompte, ses lions...

Il s'est chargé de venger la société.

D'abord, il envoie chercher la voiture pendant qu'il est encore au lit. Il s'habille, déjeune, allume un cigare et le fume à la fenêtre en contemplant avec une âpre volupté l'automédon en carrick qui l'attend sous la pluie ou la neige. Il le regarde... comme le tigre regarde sa proie, se pour-

(1) Souvenirs de l'Exposition 1867.

léchant à l'avance à l'idée des supplices qu'il va lui infliger...

Quand l'averse a suffisamment détrempé sa victime, il descend, monte dans la voiture et évite religieusement d'indiquer au cocher où il va. Il lui fait seulement signe d'avancer et, ouvrant la glace de devant, il le dirige à droite ou à gauche à l'aide de sa canne qu'il lui allonge dans les côtes, de la même façon que les bouviers piquent leurs bœufs. L'infortuné qui a la malchance de tomber entre ses mains est tellement fasciné par cette impérieuse et excentrique nature, qu'il ne trouve pas une plainte, pas un murmure, pas un juron qui s'exhale de son carrick noisette.

Dominé par la situation, frémissant sous le contact magnétique de la canne impitoyable, le cocher subit alors la même influence que l'oiseau qui se tord sous le fluide du serpent fascinateur...

La table de Frédérick Lemaître est renommée, c'est une des bonnes tables de Paris.

Là encore sa tyrannie s'exerce. Il n'admet pas

qu'on refuse ce qu'il offre, pas plus qu'il ne supporte qu'on soit d'un avis contraire au sien.

Un jour, il fit sortir de table, les uns après les autres, ses quatre enfants, qui n'avaient pu se décider à goûter à un plat de grenouilles... Quand ils furent partis, il fit aussitôt enlever le plat, ne pouvant se décider lui-même à y toucher.

Le maître du logis n'aime que le vin de Bordeaux, ce qui fait qu'on n'en sert pas d'autre à sa table, où il lui faut son coin à lui tout seul avec sa chaise pour étendre ses jambes... à l'instar des Romains de la décadence.

Autrefois, en rentrant du théâtre, il grimpait *nerveusement* son escalier, s'arrêtant à chaque étage pour défoncer un carreau d'un coup de poing en vociférant : « De l'air !... de l'air !... » et commençait un interminable souper qui durait jusqu'à l'aube...

C'était la joyeuse époque où les convives, enfiévrés par les grandes scènes de la soirée, cassaient les pots en rugissant les tirades des maîtres... où don César de Bazan, sans autre vêtement qu'une paire de bottes à éperons et un feutre à panache, s'en allait ouvrir la porte au commissaire requis par les voisins !

Aujourd'hui, don César se couche de bonne heure et se lève au petit jour. Seulement, il se recouche une heure après et dort toute la matinée, ce qui ne l'empêche pas de se proclamer l'homme le plus matinal de son arrondissement. La meilleure preuve qu'il en donne, c'est qu'il voit les laitières s'installer sous les portes cochères...

Mais il oublie qu'il se remet au lit après les avoir vues.

Une particularité à noter dans la vie intime de Frédérick Lemaître, c'est qu'il ne se trouve jamais bien dans son appartement, qu'il songe continuellement à quitter. Ainsi, il est toujours sur le point de déménager : seulement il met vingt ans à se décider.

De même, vous le trouvez presque toujours en train de faire ses malles ; il se dispose sans cesse à partir. Quand il doit aller à Versailles, ses préparatifs durent trois semaines.

Un autre tic encore : il échappe à chaque instant à la mort. Tous les accidents qui arrivent dans la rue... il a failli être leur victime. Un homme a été écrasé à deux cents mètres de lui?... Il l'a échappé belle?... Un nageur s'est noyé à un certain endroit dangereux de la Seine?... Il s'y baignait hier et ne s'en est tiré qu'à grand'peine.

A propos d'un tremblement de terre à la Guadeloupe, il en a ressenti le contre-coup dans son lit...

Par un autre phénomène de son imagination, il prétend avoir le monopole de toutes les maladies qui affligent l'humanité. Il n'admet pas qu'un autre que lui soit malade. Le lépreux de la cité d'Aoste se plaindrait à lui de ses maux, que Frédérick lui répondrait : « Mon garçon, j'ai bien pis que cela!... »

Son ami V... entre un jour et lui demande de ses nouvelles.

Frédérick lui répond : — J'ai mal dans la tête comme si je recevais des coups de marteau; j'ai des douleurs dans les entrailles comme si on me les tordait avec des tenailles; et enfin, j'ai des barres de fer dans l'estomac.

— Diable!... répliqua V..., ce n'est plus une

maladie, ça... c'est une boutique de serrurerie !..

Le besoin de fumer est chez Frédérick une des nécessités les plus impérieuses de sa vie. A un certain moment, le médecin lui avait interdit cet exercice pour raison de santé.

Le grand comédien, par un effort suprême de volonté, passa toute la journée sans fumer.

Mais, la nuit venue, après son souper, il en éprouva le désir à un point tellement irrésistible, que la chose passa chez lui à l'état de rage, et qu'il descendit dans l'espoir de trouver quelque bureau de tabac encore ouvert. Il était une heure du matin, tout était clos. Remontant à son appartement, il se mit à fureter partout, pour tacher de découvrir quelques brins de tabac égarés dans les coins. Mais, pour se conformer à l'ordonnance du docteur, on avait fait maison nette. Il bouleversa tous les meubles, chercha avec frénésie, finit par tomber sur un vieux bout de cigare abandonné derrière un divan, et se précipita dessus avec une joie folle.

Les larmes lui jaillirent des yeux en l'allumant, et jamais : un *Merci, mon Dieu!* ne fut articulé avec plus d'enthousiasme et de sincérité qu'en cette circonstance.

Tous les vrais fumeurs comprendront le réalisme de cette scène émouvante...

Frédérick a toujours adoré la société des femmes. Comme le cigare, c'est une des plus impérieuses nécessités de sa vie. Les ans n'ont apporté aucune modification à ce régime ; au contraire, aujourd'hui, il ne peut pas s'en passer, même en mangeant.

Il lui faut tous les jours à sa table de jeunes et frais minois, à l'instar de cet autre *Jeune* de génie qu'on appelle Auber, et qui ne mangerait point s'il n'était environné de crinolines.

Cet amour du jupon, pour le jupon lui-même (l'art pour l'art), est le regain de la jeunesse du cœur chez ces grandes imaginations auxquelles l'idéal reste pour suprême ressource... *Spes ultima Trojæ...*

Le don César de la rue de Vendôme use d'un truc sans précédents pour se procurer des convives du sexe enchanteur.

Il fait insérer aux *Petites Affiches* l'avis suivant :

« On demande des demoiselles de compagnie.
« S'adresser rue de Vendôme, 10, chez *Mon-*
« *sieur Antoine...* »

Monsieur Antoine d'aujourd'hui, c'est le Richard d'Arlington d'autrefois...

Don César de Bazan, ce gueux

Plus débraillé que Job et plus fier que Bragance

affublé d'un nom de concierge...

Quel enseignement !!!

Ajoutons, comme dernier détail caractéristique, que Frédérick ne va jamais aux enterrements, et qu'il jette au feu, sans les lire, toutes les lettres de faire part.

Il dépense tant de sensibilité à la scène (1), qu'à la ville il ménage celle qui lui reste.

Une question d'hygiène...

---

(1) Comme dans le rôle du notaire du *Crime de Faverne*, son dernier triomphe à l'Ambigu.

MAISON THÉRÉSA

VIII

LA MAISON THÉRÉSA

VIII

LA MAISON THÉRÉSA

Au 76 du faubourg Poissonnière, premier étage,

Thérésa est dégoûtée des cinquièmes avec balcon, où elle a trop souvent attrapé des laryngites.

Aujourd'hui, elle fuit le grand air (sans calembour), et se méfie des changements de température.

Elle se calfeutre dans son premier, comme un escargot dans sa coquille.

Son ameublement est riche et confortable ; il vise plus au *cossu* qu'à l'élégance. Les étoffes sont soyeuses, mais de nuances peu susceptibles.

Les tentures sont solides. L'aspect général est plus bourgeois qu'artistique.

« N'est-ce pas que ça n'a pas la tournure *cocotte*, ici?... » est la phrase de rigueur qu'adresse la maîtresse du lieu à celui qui franchit son seuil pour la première fois.

Thérésa a une peur affreuse de ressembler à une *cocotte*.

C'est le contraire de plus d'une bourgeoise.

La *diva* n'a pas la moindre idée de la tenue et de l'administration d'une maison. Elle se lève dans l'après-midi, après avoir pris son thé, et ne s'occupe absolument que de ses chansons ou de ses affaires avec les directeurs.

Heureusement, elle a une intendante dévouée qui se charge de toutes les questions de détail et lui épargne les petites misères prosaïques du ménage. Cette amie précieuse est d'un positivisme qui se reflète dans l'appartement. Jamais son esprit pratique n'a pu admettre dans cet intérieur, digne du parfait notaire, le moindre objet d'art qui n'eût son utilité domestique.

Les statuettes ne sont tolérées qu'autant qu'elles

peuvent, comme flambeaux, servir à mettre des bougies ; et les sujets en bronze n'ont droit de cité au salon qu'à l'état de porte-allumettes. Ne lui parlez pas des tableaux, qu'elle considère comme des nids à poussière.

Les motifs de décoration se réduisent aux accessoires indispensables à une maison bien montée.

Un ordre parfait et une sage économie..., trop sage peut-être..., règnent chez la chanteuse populaire, dont l'ambition a toujours été d'avoir du *pain sur la planche.*

Au fond, elle a bien raison ; seulement elle a parfois poussé trop loin ce louable sentiment de prévoyance et en a été dupe, témoin l'histoire des boucles d'oreilles de l'ambassadeur de la Sublime-Porte...

Thérésa avait chanté chez le représentant du sultan quelques chansons de son répertoire.

Le lendemain de la soirée, celui-ci lui fit remettre un écrin contenant une paire de pendants d'oreilles d'une rare valeur : un de ces cadeaux comme en savent faire les fils de l'Orient.

On accepta avec reconnaissance ce magnifique

gage de la haute satisfaction du dignitaire ottoman, mais on fit doucement observer que la *diva* prenait habituellement une somme de vingt-cinq louis par soirée...

Le jour même, l'envoyé de l'ambassadeur revenait avec les vingt-cinq louis et un second écrin, en priant mademoiselle Thérésa de vouloir bien lui rendre le premier, qu'on lui avait remis *par erreur*, et accepter celui qu'on apportait, avec les cinq cents francs.

Inutile de dire qu'il y avait une très-grande différence entre les deux bijoux...

La leçon était raide.

On n'a pas tort de dire : *Fort comme un Turc.*

Le prosaïsme, que l'intendante a introduit dans l'ameublement, se retrouve encore à la table de Thérésa. Les jours où l'on traite, on ne se préoccupe que du côté plantureux de l'alimentation. Les pièces de bœuf de gros calibre coudoient les gigots athlétiques ; les farineux jouent un rôle important dans l'ordonnance du repas. La chose pèche par le côté délicat. Le baron Brisse gémirait lamentablement d'un semblable dîner, peu conforme aux règles d'une élégante gastronomie.

— On dirait, s'écriait un soir Mademoiselle X... en donnant du jeu à son corsage, que Thérésa croit traiter des gens attaqués du ver solitaire !

Un des ennuis de l'ex-pensionnaire de l'Alcazar, c'est de voir que ses fournisseurs lui font payer tout plus cher qu'aux autres clients.

— Mam'zelle Thérésa !... glapit la fruitière, vous auriez pas honte, vous ! de marchander une malheureuse botte de radis de quatre sous ?...

— La patronne ! elle gagne trois cents francs par jour, dit le porteur d'eau ; elle peut bien payer quinze francs pour son mois !...

C'est à ce dernier qu'un ami de la maison adressa un jour l'observation suivante :

— Mon garçon, ce n'est pas bien de vouloir faire ainsi *chanter* mademoiselle Thérésa, qui, après tout, est votre confrère !...

Ici, étonnement du porteur d'eau stupéfait...

— Sans doute, reprit l'ami ; ne vivez-vous pas tous les deux... de la *voie* ?...

On ne sait si l'Auvergnat en est remis.

Thérésa a une manie, qu'elle partage, d'ailleurs, avec beaucoup de personnes : celle de ne pas manquer une *première*, comme on dit en argot de coulisses. Ceci m'a toujours étonné : car c'est un goût qu'ont aussi les *cocottes*, auxquelles elle s'efforce tant de ne pas ressembler.

Elle a un sentiment à l'état permanent : la peur du choléra.

A n'importe quelle époque, il faut s'abstenir de se plaindre de l'état de son abdomen devant elle. Sous son toit, le mot *colique*, qui l'épouvante, est banni de la conversation.

Un jour, Hamburger, des Variétés, lui ayant conté qu'il avait eu en 1865 une attaque de cholérine provoquée par les moules, fut impitoyablement consigné pendant quelque temps et dut, avant de rentrer au salon, subir une quarantaine.

Pareille cérémonie faillit être imposée à mademoiselle Honorine, du Palais-Royal, pour avoir dit, en parlant d'une camarade sujette à des accès terribles de colère, que c'était une femme très-*colérique*.

Dès qu'il y a des bruits d'épidémie dans Paris, l'intendante de Thérésa dépouille soigneusement tous les journaux et ne laisse entrer que ceux où il n'est pas question du fléau. Jamais censure ne fut plus consciencieusement et plus rigoureusement exercée.

On a loué, l'an dernier, une luxueuse villa à Montmorency, dont l'air est, paraît-il, à l'abri de toute émanation dangereuse, et garanti *bon teint*.

Mais, au bout de quelques jours, on avait assez de la vie champêtre. La nostalgie du macadam et des *premières* l'emporta. On s'aperçut que le climat de Montmorency donnait des maux de gorge; on reconnut que le choléra n'avait pas quitté ses bords lointains et on se hâta de revenir à Paris.

Quant à la maison de campagne, le bail était signé; l'article fut porté aux profits et pertes.

L'intendante voulut essayer de se rattraper sur la vente des fruits et légumes de la propriété; mais elle ne fut pas longtemps à se convaincre qu'un chou récolté là-bas revenait à trois fois plus cher que chez la fruitière du faubourg Poissonnière.

Elle ne s'obstina pas.

J'ai dit plus haut que Thérésa ne s'occupait absolument que de ses chansons. Ceci nécessite quelques explications préliminaires.

La chanteuse ne se contente pas d'étudier les élucubrations de ses auteurs : elle y collabore.

Douée d'une intelligence musicale hors ligne, sans connaître une note, elle en sait plus long, pour ce qui la concerne, que le meilleur compositeur. Mieux que personne, elle sent ce qu'il lui faut, en tenant compte des notes qui lui manquent.

Paul Blaquière est le compositeur qui a su le mieux comprendre le véritable genre de Thérésa. Il n'en a pas moins reçu d'elle d'excellentes inspirations.

Parfois, au milieu d'un enfantement laborieux, Thérésa donnait un son, jetait un cri, qui était pour Blaquière toute une révélation, en le mettant sur la piste d'une phrase dont il faisait un chef-d'œuvre.

De Villebichot, l'auteur de la musique du *Sapeur*, ne pouvait fructueusement travailler pour Thérésa que chez elle, à son piano, en s'identifiant avec son sujet même. C'est ainsi que ce charmant compositeur a trouvé ses plus ravissantes productions.

De même, un mot, un geste de la maîtresse du logis faisait naître un type dans l'esprit du poëte.

La conclusion est que Thérésa constitue une individualité originale, dont on peut discuter la forme, mais dont on ne saurait nier la puissance.

Dans tous les cas, elle est créatrice d'un genre, et, à ce titre, elle a conquis sa place dans le domaine de l'art.

Constatons, en terminant, que Thérésa, accablée de sollicitations de toute nature, n'a rendu que fort peu de services ; elle aura la rare chance de ne pas faire d'ingrats.

C'est ce qui s'appelle « prendre la vie du bon côté. »

Aussi, elle a des rentes...

Elle a marché vivante en son rêve étoilé...

Privilége peu commun!...

Si nous ajoutons à cela qu'elle redoute horriblement que l'on soit treize à table... et qu'elle craint l'araignée du matin... nous aurons complété les révélations de l'alcôve...

IX

LA MAISON ROSSINI

MAISON ROSSINI

IX

LA MAISON ROSSINI

N° 2, Chaussée-d'Antin, au coin du boulevard, au premier; appartement confortable sans être coquet, riche sans élégance.

Dans une grande armoire, un amas de perruques. Le maître possède la plus volumineuse collection de perruques qu'on puisse rêver; il en a toujours trois ou quatre en permanence sur sa cheminée.

Ces perruques diffèrent d'aspect, de forme et de nuance. Les unes, de tournure printanière, sont pour les jours où le soleil sourit à faire éclore des couronnes de roses sur la tête des jeunes filles.

Les autres, plus sombres, sont réservées pour les jours pluvieux et maussades.

Dans la maison, c'est la perruque qui sert de baromètre.

De plus, Rossini a innové les perruques à *nuances morales*.

Il a pour nopces et festins : la *perruque joyeuse*. — Pour enterrements et messes de bout de l'an : la *perruque triste*. — Pour bals et soirées : la *perruque fascinatrice*. — Pour cérémonies publiques : la *perruque sérieuse*. — Pour réceptions ou réunions diplomatiques : la *perruque double face*.

Dites-moi quelle perruque porte Rossini, je vous dirai où il va.

Son bureau est encombré de grattoirs. Il en a une superbe collection.

— J'écris tant de fausses notes, vous dit-il avec cette malicieuse bonhomie qu'on lui connaît, que j'ai besoin de beaucoup de grattoirs pour les effacer...

Ne vous laissez pas prendre à cette fausse modestie, et n'en croyez pas un mot.

Il compose et travaille sans cesse, et cela sans faire de ratures.

La vie du maestro est réglée... comme son papier de musique.

Il se lève à huit heures, reçoit à neuf, puis abat sa besogne jusqu'à trois heures ; de trois à quatre on le rencontre invariablement sur le boulevard, toujours revêtu de sa grande redingote marron à collet de velours, avec son mouchoir à carreaux, large comme la misaine d'un bateau de pêche, et perruque selon l'atmosphère.

Il va peu au théâtre.

Il a une *tocade* : celle de s'intituler *pianiste de quatrième ordre* (sic). Il a voulu se faire recevoir au Conservatoire comme auditeur à la classe de piano de M. Marmontel, où il a été présenté, sur sa demande, par deux jeunes pianistes, MM. Lack et Lavignac, premiers prix de ladite classe.

Sa manière de jouer du piano est pleine d'imprévu ; ses doigts énormes prennent deux touches à la fois. Il a un doigté à lui qui est des plus étranges.

Rossini a horreur des voitures, à cause des accidents. Quand il veut aller de la Chaussée-d'Antin à sa propriété de Passy, il envoie chercher plusieurs fiacres dont il passe minutieusement les chevaux en revue. Il choisit ceux qui lui paraissent les plus éreintés, les plus incapables de mal faire.

Et, en route, il interpelle de temps en temps le cocher pour lui recommander d'aller moins vite.

Si la Compagnie générale avait des bêtes en carton, ce sont toujours ces attelages-là qu'il choisirait. Heureusement, les rosses ne manquent pas sur la place (1).

Il lui est arrivé plus d'une fois de descendre en chemin de son véhicule, dont il trouvait l'allure trop rapide. Ce sont des bœufs qu'il lui faudrait...

Et encore ne les laisserait-il pas marcher aussi vite qu'à la charrue.

Naturellement, il a la haine instinctive du rail-

(1) Le lecteur est prié de ne voir aucune méchante allusion dans cette phrase. Nous n'avons pas eu l'intention d'en faire une.

way. Précisément, il en a un qui passe au bout de sa propriété de Passy...

Le sifflement de la locomotive le plonge dans e marasme...

Ne lui parlez pas des Américains, ces propagateurs de la vapeur...

Il les maudit avec plusieurs bémols à la clef...

Ses fameuses réceptions du samedi sont très-recherchées.

Elles ont lieu dans le *grand salon jaune*. Les intimes viennent pour le dîner.

Chez Rossini, on mange d'une façon solennelle et magistrale. On sent tout de suite dans cette maison que, en se mettant à table, c'est un sacerdoce qu'on exerce. La question gastronomique y est traitée de la façon la plus élevée : les fourchettes y sont sérieuses.

On sait que le macaroni est le plat favori du maître, et qu'il le confectionne presque toujours de ses savantes mains.

Sa manière de le préparer dénote sa profonde connaissance de la chimie alimentaire.

Après un traitement préalable et une préparation sagement élaborée, le Cygne de Pesaro injecte, à l'aide d'une petite seringue (qui ne sert qu'à cela), un certain jus de sa composition dans chacun des tuyaux du mets national.

Un jour, pendant qu'il se livrait *amoroso* à ce travail de patience, un domestique se présenta pour entrer au service de la maison.

Mais, à la vue de Rossini ainsi occupé, le domestique se sauva en criant : — Je ne veux pas servir un bourgeois qui donne des lavements à son macaroni!... »

A la suite du dîner, où la truffe domine, le Cygne a souvent d'assez fortes indigestions. Comme il est toujours entouré de médecins, il n'y a pas grand danger : la Providence a mis le remède à côté du mal.

Mais il a bien de la peine à suivre les prescription de ses amis, les docteurs Conneau et Cabarrus, qui lui ordonnent la diète dans ces cas-là...

La diète est pénible pour l'homme qui a fait *le Barbier de Séville* en treize jours.

Après le dîner, la soirée commence.

Généralement, dans ces soirées, le piano domine.

Le maestro y exécute des morceaux inédits, composés par lui pour la circonstance, et renfermant toujours une petite pointe de malice.

C'est ainsi qu'il a intitulé *la Candeur italienne* un air mélodique, doux et naïf, qui est censé représenter cette traditionnelle candeur péninsulaire. De même, il appelle *l'Innocence française* un morceau diabolique, échevelé, enragé, qui a la prétention de peindre notre originale innocence nationale.

Et Dieu sait quels succès obtiennent ces humoristiques compositions dans le grand salon jaune !...

On y chante beaucoup, cela va sans dire. Madame Conneau, madame la vicomtesse de Lagrange, mesdemoiselles Patti et Battu, de l'Opéra, sont les étoiles de fondation des soirées de la maison Rossini.

Les artistes étrangers, de passage à Paris, briguent tous la faveur de se faire entendre en cette compagnie d'élite.

Le maître, toujours affable, se prête le plus gracieusement du monde à ces auditions si enviées.

Une particularité à noter : sauf pour les soirées *extra*, où l'on distribue le programme improvisé, il n'y a jamais de rafraîchissements aux samedis de la maison Rossini.

Les chanteuses, qui en éprouvent le besoin, sont obligées d'aller boire un verre d'eau sucrée à la cuisine.

Lorsque quelques intimes insistent sur ce sujet, comme cela est arrivé, le maître, qui a toujours le mot pour rire, fait ouvrir les fenêtres toutes grandes.

Dans ces réunions musicales, le petit chien de Rossini joue un rôle des plus intelligents. Il témoigne sa satisfaction en aboyant après chaque morceau exécuté par son maître.

Il grogne pour les autres.

A dix heures, un domestique vient le chercher pour le coucher, et l'emporte solennellement sur un coussin de velours.

Cette cérémonie s'accomplit religieusement, chaque soir, à la même heure.

Le petit chien de Rossini a une notoriété. Sa santé excite la sollicitude des journaux. Quand il est malade, on trouve le bulletin de son état dans certaines feuilles spéciales du *monde élégant*.

Ce chien est un des chiens les plus gâtés qui existent. Pour faire sa cour au maître, chacun flatte l'horrible roquet en s'écriant : — Dieu ! la jolie bête !...

La jolie bête, méchante comme un âne rouge, mord tout le monde.

Et elle a joliment raison !...

Oh ! que ce roquet doit mépriser, au fond, tous ces gens qui lui passent la main sur le dos...

N'oublions pas de signaler ceci : c'est que Rossini n'entre dans le grand salon jaune que pour se mettre au piano.

Aussitôt qu'il a fini, il s'en va dans la salle à manger, où il reste à recevoir les coups d'encensoir que lui envoie le chœur des invités pendant tout le temps.

Puis, quand un morceau ne lui plaît pas, il s'en va sans façon s'enfermer dans son cabinet, et ne rentre que quand c'est fini.

Parfois, quand un froid se produit dans la fête, madame lui crie : — Allons, Rossini, ton monde s'ennuie!... Alors le maître se remet au piano, et la gaieté revient sur toute la ligne.

Dans cette maison, tout est baromètre. Les artistes prétendent que, « quand la *bourgeoise* est décolletée », c'est qu'elle est de bonne humeur; dans ce cas, la soirée promet d'être désopilante.

Mais si elle est en robe montante, c'est signe que le temps est à l'orage. Alors, il faut se méfier.

C'est dans une de ces réunions intimes (*sans rafraîchissements*) que s'est fait entendre tout récemment, avec un immense succès, une jeune élève du Conservatoire, dont le professeur a été maintes fois traité de *crétin* et d'*huître*, à huis clos, par le bouillant maestro, qui n'a pas l'habitude de dissimuler ses antipathies musicales.

— Vous voyez, lui dit-on à ce propos, que M. X... a fait une élève remarquable. Ce sera une perle pour l'Opéra-Comique...

— Eh quoi! riposta le malin Cygne, ne

savez-vous pas que ce sont les *huîtres* qui font les *perles?*...

La principale antipathie musicale de Rossini, c'est Meyerbeer...

« Chacun sait ça!... » comme on dit dans *le Chalet*.

Pourquoi?...

Serait-ce à cause de l'abus des cuivres que fait l'auteur du *Prophète?*...

Non ; puisque Verdi est celui qui a toutes ses sympathies...

Après Mozart, toutefois.

Serait-ce à cause de la scie de *l'Africaine*, sur laquelle Meyerbeer a vécu dix ans?...

C'est possible... d'autant mieux que Rossini a eu un mot amer le lendemain de *l'Africaine*...

Faisant allusion à la propriété saline du grand océan Atlantique, qui tient un emploi de *primo cartello* dans le poëme, Rossini s'écria : — Voilà une œuvre où l'on ne peut dire que le *sel* manque...

Mauvais... mais certifié historique.

Quant à Mozart, Rossini éprouve une telle *attraction* pour sa manière, que les méchants l'accusent de... bien des choses à ce sujet.

Ils vont jusqu'à prétendre que le Cygne de Pesaro prend parfois des *prises* dans la tabatière de Mozart...

Nous avons dit que certaines feuilles spéciales du *monde élégant* s'occupaient beaucoup du petit chien de Rossini...

Le maître voit cela avec grand plaisir. Il ne veut pas en avoir l'air, mais il lit régulièrement tous les journaux, pour constater ce qu'on pense de lui dans le monde.

Il est très-sensible d'épiderme ; mais il préfère encore la critique la plus acérée à l'indifférence des chroniqueurs.

Quand on est quelques jours sans parler de sa personne, il se plaint amèrement qu'on fasse autour de son nom la *conspiration du silence*...

En résumé, Rossini a, *in petto*, sur son compte, la même opinion que Vestris, le grand Vestris, professait sur le sien. Il est le *dieu de la musique*, de même que Vestris était le *diou de la danse*.

Quoi qu'il en soit, c'est de Rossini qu'on a dit à juste titre : « Il fait de la musique *comme un pommier fait des pommes...* »

X

LA MAISON HERVÉ

MAISON HERVÉ

X

LA MAISON HERVÉ

A trois cigarettes de Paris, par le chemin de fer de l'Ouest, sur les bords fleuris qu'arrose la Seine, est un village bien connu... trop peut-être... (les pays sont comme les peuples et les femmes : heureux ceux qui ne font point parler d'eux !...) C'est dans ce village, horriblement usé au théâtre, à Asnières (vulgairement : *Pieuvreville*), que la maison Hervé est installée au milieu de ses 342 mètres de terrain, sous les brises du fleuve, sous le regard de Dieu... Voilà un immeuble qui a été noblement gagné par son propriétaire à la *sueur* de ses chansons. Car c'est du produit de ses œuvres, à l'*Eldorado*, que le maestro Hervé a payé cet asile champêtre.

Les Auvergnats de la rue de Lappe auront du mal à croire qu'un *faiseur de chansons* puisse ainsi acheter des édifices sur ses économies... quand le légendaire sous-lieutenant de *la Dame blanche* ne pouvait pas même solder son château de la même manière...

Et pourtant, rien n'est plus réel.

Vous voyez que ça rapporte tout de même... les chansons... presque autant que la vieille ferraille et les peaux de lapin?...

Il ne s'agit que de savoir les faire... comme Hervé.

Quel type étrange que ce compositeur toqué, que ce chef d'orchestre en délire qui a mis, à la scène, l'aliénation mentale en coupe réglée!...

Produit fantastique d'une école sans précédents, il est à la fois auteur et compositeur... poëte fêlé et musicien convaincu d'hydrophobie. Quand il a lu aux directeurs une de ces fantaisies à haute pression qui semblent écloses pendant les hallucinations d'une fièvre cérébrale, les directeurs épouvantés commencent par lui tâter le pouls...

On joue sa pièce, en tremblant d'une telle audace... en se demandant si le public ne va pas fracasser les banquettes et enterrer l'ouvrage sous les trognons de pomme ?...

Et puis... ô stupéfaction ! la pièce est un de ces succès comme on n'en n'a jamais vu !

On ne voulait plus jouer que le bon petit vaudeville du temps du père Mourier, ou l'honnête répertoire du Gymnase, celui de l'époque où *pâlissait le colonel*...

Et puis crac !... on s'aperçoit, qu'en définitive on ne fait plus d'argent aujourd'hui qu'avec les pièces où il n'y a plus de pièce, et dans lesquelles l'action classique et l'intrigue traditionnelle sont remplacées par un dialogue tourmenté et poussant le grotesque jusqu'aux dernières limites du *delirium tremens*.

Une chose à noter, c'est que tous les nouveaux directeurs annoncent bien haut leur intention de ne plus jouer que le bon petit vaudeville du temps du père Mourier ou l'honnête répertoire du Gymnase... et puis, ils finissent tous par arriver à la note abracadabrante de *l'OEil crevé*...

A défaut d'Hervé, ils se rejettent sur les féeries niaises, mais illustrées de jambes de *grues*...

Il n'y a pas à dire... il n'y a plus que ça aujourd'hui.

Quant à Hervé, c'est à lui que nous devons : les demoiselles de famille qui font de la menuiserie ; — les gendarmes invraisemblables qui s'appellent d'un nom de fromage ; — les amoureux qui interrompent leurs déclarations d'amour pour s'écrier : « Mon Dieu !... j'ai oublié de coller mon vin !... » — les Espagnols de Chaillot qui disent : « Tarteifle !... » — les Andalouses de Pantin qui vident leur pot... à eau sur les muletiers grattant des mandolines sous leur balcon ; — les héros du moyen âge qui mettent leurs couronnes ducales au mont-de-piété : — le tout sur des airs à faire *schoticher* des podagres !

Il est évident qu'il n'est pas un bourgeois, des faubourgs Saint-Denis et Saint-Martin, qui ne se dise en écoutant les productions d'Hervé : « Cet homme est en proie aux Euménides ! Dans la vie privée, il doit se livrer à des habitudes désordonnées; à la ville, il doit s'habiller comme le roi Hurluberlu, marcher sur la tête dans la rue, et faire des farces en société. »

Eh bien! ce bourgeois se tromperait. Rien n'est plus calme que l'intérieur d'Hervé; nul n'est moins frénétique que lui dans la vie privée; personne n'a plus d'ordre et de régularité dans son existence.

Hervé est un travailleur auquel il faut le silence du cabinet.

Ses élucubrations insensées, qu'on croirait échappées d'un cerveau surexcité par les alcools, sont dues à un travail de rêveur, exécuté à un bureau des plus ordinaires, sur un fauteuil surmonté d'un prosaïque rond de cuir, tout comme celui d'un employé du Crédit foncier ou de la Caisse hypothécaire.

A la maison Hervé, la vie est patriarcale. Il n'est pas servi par des femmes en maillot couleur de chair; ce ne sont pas des danseuses en jupe courte qui lui cirent ses bottes. Une vieille servante, qui ne se doute pas que le *bourgeois* fait des *cascades* au théâtre, compose toute sa livrée.

Vous l'étonneriez beaucoup si vous lui disiez que son maître produit des choses épileptiques.

Quelques amis qui ne connaissaient pas son intérieur, se dirent un dimanche : — Si nous allions passer une folle journée chez ce cascadeur d'Hervé ?...

Là-dessus, ils mettent le cap sur Asnières. Il y avait là Christian, Guyon, Hamburger, toute la bande joyeuse des farceurs des Variétés.

— Va-t-il nous en faire, de ces charges !... se disaient-ils en route.

Arrivés là-bas, ils exécutent un carillon à la porte. La vieille servante, tout effarée, vient ouvrir.

— M. Hervé, S. V. P. ?...

— Monsieur travaille, dit la domestique.

— Ah! la bonne farce!... s'exclament en chœur les camarades. Qu'on nous serve Hervé!... ou je fais un malheur!... Hervé ou la mort!... Ohé!... Hervé!!!... Des lampions!... des lampions!... »

La bonne, épouvantée avait fui.

Le chœur pénétra à sa suite dans la maison, en poussant des hurlements...

On arriva ainsi jusqu'à la pièce où se tenait Hervé, travaillant, la tête dans ses mains, devant sa table...

— Ah ! la bonne charge !... s'écrient les camarades... Farceur d'Hervé !... Est-il amusant ?...

. . . .

Jamais le *compositeur toqué* ne put réussir à leur faire admettre qu'il travaillait comme un simple mortel, et qu'il avait besoin de tranquillité et de silence pour confectionner en paix ses cascades insensées...

Quoi qu'il en soit, le côté épileptique de son talent fait chaque jour de nouveaux progrès...

Où cela s'arrêtera-t-il ?...

C'est ce qu'on se demande avec inquiétude.

Pourvu que cela s'arrête avant... Charenton !..

XI

15, RUE MONSIEUR-LE-PRINCE

XI

15, RUE MONSIEUR-LE-PRINCE

Non loin de l'Odéon, dans un angle de la rue Monsieur-le-Prince, se cache une petite brasserie qu'on appelle, non sans raison, le *café de l'Union*.

Les passants qui flânent par là, à l'heure crépusculaire où on allume les premiers becs de gaz, s'arrêtent surpris du bruit étrange qui fait trembler les vitres et qui se répand dans la rue comme une vapeur. S'ils lèvent les yeux, ils aperçoivent, accrochée aux murs, une galerie de tableaux qui, malgré le tumulte, restent impassibles dans leurs cadres dorés, pareils à ces ladies anglaises qui, au dessert, quand l'orgie commence à griser les paroles, se lèvent, droites et calmes, sans témoigner d'effroi. Les passants ont-ils la fantaisie d'écouter un peu? Ils entendent se choquer des paradoxes échevelés, et, comme des flèches, partir les apostrophes les plus saugrenues.

Qu'ils poussent la porte et qu'ils entrent!

Il leur sera donné de constater la puissance du larynx humain. D'après le bruit, on aurait pu y soupçonner la présence de cinquante ou soixante personnes; à peine y en a-t-il quinze. Le premier moment est ordinairement consacré à plaindre ces pauvres toiles qui noirciront bien vite, enfumées qu'elles sont par les nuages éclos des longues pipes qui, toutes, recèlent un volcan. Puis on est frappé des têtes singulières qui peuplent l'établissement. Évidemment ce n'est point banal. Il y a là une couleur locale, une physionomie particulière qu'on chercherait vainement ailleurs.

C'est qu'en effet, de même qu'autrefois le cabaret du père Andler était *l'antre du réalisme*, cette brasserie est, à cette heure, l'antre des dessinateurs, population nouvelle, entée sur une autre plus ancienne, dont nous parlerons, qui secoue la rumeur et l'agitation.

On y rencontre la plupart de ceux qui ont fait le succès des journaux jeunes, auxquels de plus anciens ont dû faire place :

Félix Régamey, auquel *la Vie parisienne* doit ses plus charmantes illustrations, signées Y... — Régamey, un farouche et un démocrate, encore qu'il travaille dans un journal de cocottes et de.... femmes du monde (voir *la Comtesse de Chalis*) ;

Léonce Petit, qui plonge sa barbe, d'un blond rutilant, dans les choses *les plus variées*, dit-il; le dessinateur de Noces bretonnes au *Journal amusant*, et qui, un jour, au fond *d'un verre de bière d'autrefois*, a trouvé les types cruellement burlesques du *monsieur Tringle* de Champfleury ;

Paul Cattelain, l'un des illustrateurs du *Hanneton*, fort comme un cheval, ou comme Gautier, qui, au dire de Banville, *sur la tête de Turc fait cinq cent vingt pour son écot*. Cattelain adore Vallès, avec qui il veut *tuer quelques gens*, et pour lequel il est prêt à asséner sur la tête de n'importe qui *un énorme coup de poing*.

Il en est un autre encore, que je ne nommerai pas, puisqu'il ne le veut pas, peu connu du public, mais dont le nom est populaire dans tous les ateliers. On l'a surnommé : *le dernier Romantique*. Il illustre les ballades de Victor Hugo, culotte des pipes et adore Napoléon Ier. C'est un des plus curieux types de la maison ; signe caractéristique : dans les moments d'exaltation, il chante :

> Ah ! si j'étais le roi d'Espagne,
> Tu serais reine, sur ma foi !

On lui a prédit un jour qu'il finirait sa vie dans un petit village de Normandie, entre une vieille bonne et un chat noir, et qu'il se plairait à raconter des histoires de sa jeunesse aux paysans assemblés sur la place, le dimanche, pendant les offices.

C'est aussi là que viennent le paysagiste Martin

et le vieux Bertrand, auxquels le café doit ses tableaux.

De temps à autre, le peintre Courbet y fait une descente et vient *goûter* la bière, en compagnie de son critique ordinaire, Castagnary, et d'André Lemoyne, le cher poëte des *Roses d'antan* et des *Charmeuses*. Lemoyne a une prédilection marquée (comme poëte) pour la femme qui entre dans la seconde jeunesse, qu'il peint toujours fort peu chiffonnée par le caprice du temps ; il en a mis une dans *les Roses d'antan*, dont il dit :

> ... Elle a vécu, nuit et jour, dans la joie ;
> Elle a reçu les rois du monde officiel.
> Plus d'un saint personnage en douillette de soie
> A pris son escalier pour le chemin du ciel.

Ernest d'Hervilly, l'adorateur et l'élève de Charles Dickens, entre-bâille mystérieusement la porte, se coule dans la salle, et vient serrer la main à Eugène Vermersch, l'auteur des *Hommes du jour*, qui y tient son quartier général, et qui jette sur le cahier de la maison une foule de petites lignes flanquées de chaque côté d'une grande marge blanche. Nous y avons trouvé, suivie de sa signature, la petite pièce suivante :

LA CHAUVE SOURIS

Sur le vieux portail de l'église
La chauve-souris aux yeux roux
Depuis trois heures agonise
Attachée avec de grands clous.

Là, presque sans souffle, mourante,
Par moments elle se débat ;
Puis elle retombe, expirante,
Après un dur et vain combat.

Convulsions désespérées,
Car par chaque nouvel effort
Ses ailes sont plus déchirées,
Sans que pourtant vienne la mort.

Des enfants raillent la martyre
Dont le cœur bat plus lentement.
A son râle leur affreux rire
Se mêle impitoyablement.

Et de fauves mouches cruelles
Voltigent sur ses membres roux ;
Ses yeux sont éteints, et ses ailes
Pleurent du sang autour des clous.

C'est sur une des tables que le poëte maigre, Albert Glatigny, qui lance des *Flèches d'or*, — tous ses amis se demandent comment il s'y prend, — fit la dernière répétition de ses tours de force poétiques, la veille de ses débuts à l'Alcazar, où l'attendait cet immense succès qu'on a vu. Le directeur du temple *Thérésiaque* lui avait signé un engagement de six cents francs pour les premiers mois et de mille pour les suivants. C'était joli pour un *Gringoire* qui n'avait jamais gagné plus de cinquante-cinq francs à jouer les grimes en province. Mais, bast! Glatigny est un coureur de grandes routes, insouciant comme les oiseaux du ciel et amoureux, comme eux, de la liberté et de l'imprévu. Il montre maintenant ses mollets grêles — deux quilles d'un jeu dépareillé — aux populations pétulantes qui jurent par *Diou bibante!*

Dernièrement, Pierre Dupont y vint aussi, et, pour prouver sans doute qu'il n'était pas mort à la poésie et que le talent n'était point parti avec la santé, il chanta deux de ses nouvelles compositions : *la Brebis* et *la Vieille Paysanne*.

Prenez garde, bonnes gens! Approchez avec confiance, forçats! Voici l'homme barbu que Dumollard a peut-être aperçu dans ses rêves et que je ne sais quel toqué a appelé : *le Lapin anthropophage*, le terrible Jules Vallès, qui guette Veuillot comme un chat une souris, et grille de se colleter avec ce *tombeur* de gens. Les paisibles habitués, dont les uns sont de doux étudiants, — qui plus tard deviendront de graves médecins, et qui ne se souviendront guère, du fond de leurs provinces, des heures de jeunesse envolées chez Théodore; — les autres des employés de l'Hôtel de ville, des ingénieurs, des avocats; ces paisibles habitués, dis-je, sont tout scandalisés d'entendre Vallès lancer froidement des énormités comme celles-ci : « Il faut briser les statues et trouer les tableaux ! — Michel-Ange et Raphaël sont les papes du sculpturat et de la peinturlure. De la solennité, il n'en faut plus! Je jure que la prostitution dans l'art est d'une rigoureuse nécessité. — Le rire est le seul moyen d'affranchissement qui nous reste. Offenbach est un précurseur, Schneider une prêtresse! Allons, c'est bien! Sus aux Pindares perruques et aux vieux Homères, ces *Patachons* éternels! Cascade, ô Clodoche! Chahute, Hortense! Vous représentez, — devinez quoi, jeunes lutteurs! — la révolution!!! »

Autour de Vallès, comme autour d'une Mère Gigogne en mac-farlane, gravite le célèbre *Pipe-en-Bois*, d'une maigreur si extraordinaire, qu'il pèle des fruits avec son nez aussi facilement qu'avec son couteau.

Il y a certains jours où le café de l'Union présente un singulier aspect : ce sont les jours où il faut travailler. Toutes les tables sont occupées, et de nombreux êtres bizarres, l'écritoire à leur droite et la chope à leur gauche, y dessinent, y écrivent, y corrigent des épreuves, y esquissent des plans de livres, d'articles ou de pièces de théâtre.

Quelques-uns, on l'a vu, sont déjà *arrivés* assez pour pouvoir se contenter de leur passé; les autres *arriveront* probablement, si le hasard veut leur sourire un peu et si la fortune ne les met pas sous le boisseau.

Théodore! homme facétieux, dont les cheveux ont blanchi avant l'âge à voir passer la troupe folle des paradoxes et des insanités, que ce spectacle soit réservé à vos yeux comme une consolation tardive! C'est la grâce que je vous souhaite, comme disent les prédicateurs.

Si vous allez dans ce café, essayez les chaises avant de vous asseoir, car elles sont toutes plus ou moins brisées. Les habitués jonglent avec, les chaises remplacent les altères. Si vous y allez, choisissez votre jour, tâchez d'avoir la chance de ne point tomber en pleine *lecture*, lorsqu'un *hu golâtre* lit à haute voix *les Misérables*.

La lecture altère, j'ai bien peur qu'elle ne soit qu'un prétexte pour boire de la bière.

XII

LA MAISON DE M. X***

MAISON V

XII

LA MAISON DE M. X***

M. X... est un personnage bien connu des habitués du boulevard ; il va à toutes les *premières*, à toutes les cérémonies, mais je ne puis ni dévoiler son nom ni dépeindre sa maison ; mes lecteurs en comprendront facilement la raison.

X... est un brave homme, haut de quatre pieds et quelques pouces, juste la taille pour être militaire.

Il a servi quelques années, mais, n'arrivant pas assez vite au grade de général, il donna sa démission et jeta ses épaulettes aux orties.

Il rentra dans la vie civile, il eut un dixième de

part dans un petit vaudeville, il inscrivit alors sur ses cartes *auteur dramatique;* malheureusement pour lui, il ne gagna dans ce nouveau métier ni fortune ni gloire, ce qui le fit tonner contre l'ingratitude et l'indifférence de ses concitoyens.

Il quitta le théâtre ou, pour parler plus exactement, le théâtre le quitta; alors il se fit journaliste : la feuille à laquelle il collaborait ne parut que quelques jours, elle tomba (sans bruit) comme elle avait vécu. Il cria au scandale et à la persécution. Il passa dans la presse officielle, mais, chut !...

De ces différentes carrières, il lui resta une dose incroyable de vanité. Si l'Encelade de la Fable porta jadis l'Etna sur ses épaules, il croit qu'il porte sur les siennes le fardeau d'une capacité immense ; il croit que rien ne peut marcher sans lui, qu'il est le *Deus ex machinâ,* la cheville ouvrière de toutes choses. Si vous le rencontrez, ne lui dites jamais qu'il n'est qu'un clou dans la machine sociale, qu'un atome de poussière ; il est tellement convaincu de sa supériorité qu'il ne vous croirait pas, et vous rirait au nez. Si vous le flattez, c'est absolument la même chose; et, quoi que vous lui disiez, vous ne pourrez pas l'élever d'un cran dans sa propre estime.

Quoiqu'il ait bientôt soixante ans, il a une foi robuste dans l'avenir, il se console avec le proverbe : *Nul n'est prophète en son pays.*

Pauvre homme, qui se croit grosse cloche et qui n'est même pas petite sonnette ! qui, parce qu'il ouvre la bouche bien grande, croit qu'il fait beaucoup de bruit !

Quand il marche dans la rue, une chose l'étonne, c'est que les pavés puissent le porter; du reste, voici son portrait en quelques lignes, vous le reconnaîtrez facilement :

Il est admirablement brossé, jamais une tache de boue ne macule sa chaussure ; il porte son chapeau incliné sur l'oreille ; un énorme faux-col empesé remplace le hausse-col, et il tient toujours sa canne au port d'armes.

Il marche en se dandinant sur la pointe des pieds, afin de paraître plus grand qu'il n'est réellement. Tout ce qui est grand, sa petitesse le lui fait trouver contre nature. Ne pouvant s'élever bien haut, il trouve plus naturel de rabaisser les hommes et les choses à son niveau. Enfin, si quelque chose lui manque, ce n'est assurément pas la vanité.

Si vous le rencontrez et que vous lui parliez, il sera un instant sans répondre à vos salutations ; si vous lui reprochez son inattention, il vous répondra invariablement : « Quand je suis seul, je donne audience à mes pensées au tribunal de ma conscience. »

Au restaurant, il excite un rire homérique chez les garçons qui le servent, par la façon toute militaire avec laquelle il commande ses aliments :

— Garçon, du pain ! juste comme un officier dirait : Garde à vous !

— Garçon, un couteau ! sur le ton du cavalier : Tirez sabre !

— Garçon, un bifteck !... Portez armes ! etc.

Il se fait invariablement servir du vin de Volnay ou du Château-Laffitte, parce que ce vin est servi dans un petit panier orné de deux roulettes, ce qui fait ressembler la bouteille à une pièce de canon garnie de son affût ; en se servant à boire, il se passe la fantaisie d'une manœuvre d'artillerie.

Enfin, il a un vestiaire garni de tous les uniformes de l'armée. Depuis le turco jusqu'au *lignard*, tout y a passé.

Dame nature l'a gratifié d'une douzaine d'enfants. De l'aîné, il a fait son lieutenant ; du plus jeune, son adjudant, et de sa fille une vivandière. Il faut voir comme il est heureux le dimanche quand il promène sa petite famille, et qu'elle exécute une marche à cheval sur des bâtons au son guerrier d'une trompette de carton.

C'est alors qu'il se redresse fièrement.

— Fausse monnaie de héros, va !

Il se sert pour manger d'un grand couteau à découper, cela lui rappelle son sabre. Un jour le couteau glissa sur une vieille carcasse de poulet; malgré son gilet de flanelle, il se fit une large entaille à la poitrine, blessure qui devint cicatrice, et qu'il ne manque jamais de montrer quand il parle de ses nombreux duels, si nombreux d'ailleurs, qu'il affecte ne pas s'en souvenir. Aussi, quand il les raconte, il interroge sa femme. « Te souviens-tu,

« Victoire (un nom de guerre), dans quelles cir-
« constances je fus blessé ? Raconte donc à mon-
« sieur ? » Et la pauvre femme vous raconte une
histoire insensée, impossible, aussi vite oubliée
qu'entendue.

Si par hasard la conversation vient à s'engager
sur l'art dramatique, il hausse les épaules ; il
trouve et prouve que faire un drame ou une comédie, c'est la chose la plus simple du monde ; qu'il
ne faut pour cela qu'une plume, de l'encre, et du
papier.

Il ajoute que si le public ne l'avait pas dégoûté,
il eût fait oublier Corneille, Molière, Beaumar-
chais, etc., etc.; que la littérature est un désert, et
que les littérateurs qui s'y aventurent ressemblent
à un laboureur qui sème des aiguilles dans son
champ ; il dit que nos poëtes ne sont que des do-
reurs d'hémistiches, à qui la rime fait souvent la
nique.

Ne croyez pas que vous serez quitte à si bon
marché ; il se dirige majestueusement, à pas
comptés, vers son chiffonnier ; il ouvre un carton
qui porte pour suscription : *Scénario de l'avenir*;

— il ferme la porte, afin de n'être pas dérangé, et après un petit *speech*, dans lequel il se congratule à l'avance, il commence une lecture.

Le titre n'est pas fixé, dit-il, mais qu'importe! met-on une étiquette sur un rosier? Le parfum ne suffit-il pas?

Au premier acte, le théâtre représente une falaise. La mer gronde avec fureur, le vent souffle avec une impétuosité que rien n'égale; sur un rocher une femme éperdue devant les flots qui montent et l'entourent.

Elle appelle à son secours, mais sa voix se perd dans l'immensité.

Elle est vêtue en amazone, ses cheveux dénoués flottent aux caprices des vents; elle sent que sa dernière heure arrive à pas de géant, que la mort a chaussé ses bottes de sept lieues.

Au lieu de se jeter à genoux comme une faible femme, et de prier Dieu à ce moment suprême, elle arpente le rocher evec une rage inexprimable, elle cherche un moyen de fuir, rien! elle cherche encore. Oh! bonheur, à ses yeux apparaît un cor de chasse oublié par un chasseur, à moins que ce ne soit saint Hubert qui l'ait laissé choir du céleste séjour.

Elle le ramasse, porte l'embouchure à ses lèvres mignonnes ; miracle, une fanfare résonne éclatante, vibrante, sonore, et tous les oiseaux logés sur le rocher font chorus. A cet appel un aéronaute qui passait par là par hasard, lâcha la soupape de son ballon, descendit et enleva la belle dans sa nacelle.

Elle offre son cor à son sauveur.

Chute du rideau.

Au deuxième acte une île inconnue, le soleil est arrivé au haut de sa course, il fait une chaleur étouffante, pour s'y soustraire l'aéronaute et l'amazone se sont réfugiés dans une caverne au bord d'un petit lac dont les eaux assombries par une végétation luxuriante entretiennent une douce fraîcheur. Tout à l'entour croissent de magnifiques arbres, races après races s'élancent vers la lumière, étouffant dans leur impatience celles qui leur ont donné le jour. Toutes gracieusement revêtues de lianes fantastiques, d'orchis aux vives couleurs ou de plantes parasites, courtisanes perfides qui enlacent leurs victimes dans leurs bras et les entraînent à la mort encore parées de fleurs et de la verdure de la jeunesse. Les bignognias avec leurs grappes de fleurs d'un blanc de neige, aux larges étamines cramoisies, ont escaladé les palmiers et se balancent bercés par une brise molle et parfumée.

L'aéronaute et l'amazone sont assis bien près l'un de l'autre, ils conjuguent le verbe aimer, ils forment les projets les plus riants pour l'avenir. Tout à coup une clameur formidable les tirent de leur rêverie : c'est une horde de sauvages qui vient pour les croquer, ils sont armés jusqu'aux dents, de flèches, de couteaux, de lances, tout un arsenal.

Cette fois ils vont mourir, le spectateur sera dans l'anxiété, le *paradis* appellera les sauvages Dumolards. A ce moment l'amazone inspirée décroche son cor du cou de son amant, elle joue l'ouverture du Jeune Henri, les sauvages épouvantés fuient en désordre.

Au troisième acte, le théâtre est un palais splendide, une cour nombreuse entoure l'aéronaute et l'amazone, tous deux assis sur un trône d'or garni de pierres précieuses.

On remarque dans une salle un piédestal en marbre de Meudon ; ce piédestal supporte le cor de chasse qu'un globe de verre protége contre les attouchements des profanes. Sur le socle, on peut lire cette devise :

Hoc corno vici.

Dans l'intervalle du deuxième au troisième acte voici ce qui s'était passé. On se rappelle les sauvages fuyant en désordre ; revenus peu à peu de leur terreur ils s'étaient consultés. Comme ils avaient la veille mangé leurs roi et reine d'après une recette du baron Brisse, ils furent d'accord de proclamer nos héros à leur place.

Sa lecture finie, X. promène sur l'assemblée un regard triomphant, et avant que ses auditeurs ahuris aient songé à ouvrir la bouche, il leur dit en se rengorgeant : Merci, mes amis, pas de compliments, je comprends l'émotion qui vous étouffe, mais ce que je viens de vous lire n'est rien, je mets la dernière main à un poëme destiné à faire pâlir tout ce qui est connu dans ce genre. J'ai bien voulu me servir d'une idée d'Eugène Sue, je mets les *Mystères de Paris* en vers.

En voici un échantillon :

Fleur de Marie fuit la *Chouette* qui veut lui arracher les dents, elle se réfugie dans un chantier, le maître l'interpelle ainsi :

> Jeune étrangère
> Que viens-tu faire
> Dans ce chantier
> De bois à brûler ?
> — Je veux me sauver
> De la mégère
> Qui veut m'arracher
> Une molaire !

Enfin M. X. est tout et n'est rien ; c'est un homme de lettres militaire et un militaire homme de lettres. C'est un livre magnifiquement relié qui ne contient que des feuillets blancs, une épée dont la pointe cassée est remplacée par un bouchon de liége, c'est un de ces pauvres fous qui achètent une marmite pour y faire cuire un chou dont ils ont encore la graine dans leur poche.

Je ne souhaite à personne d'aller chez X., car, semblable au ramoneur qui ne lâche son *bon monsieur* qu'après en avoir un petit sou, il ne vous lâcherait que sur la route de Charenton.

XIII

LA MAISON HOSTEIN

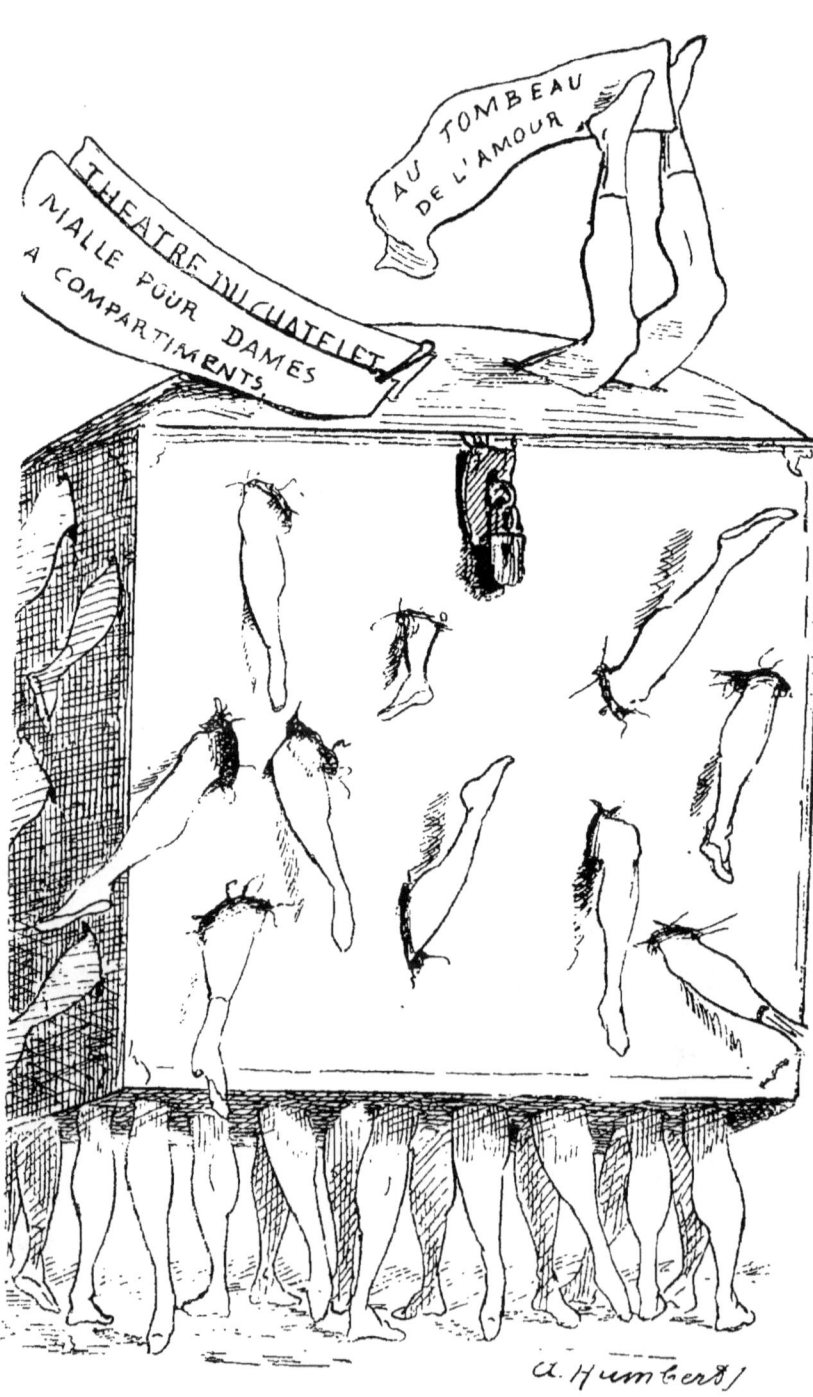

MAISON HOSTEIN

XIII

LA MAISON HOSTEIN

Le véritable siége de la maison Hostein se trouve sur une grande place, au bout du boulevard de Sébastopol, en face le Théâtre-Lyrique. C'est le théâtre impérial du Châtelet, une maison qui ne ressemble pas du tout aux autres.

Les personnes qui ne sont pas du bâtiment se font une idée extrêmement fausse de ce séjour *de la volupté et des plaisirs faciles.*

Une simple excursion dans ce *domaine de perdition et de débauche,* comme on dit dans les départements, éclairera, mieux que tous les discours du monde, les populations avides de sonder les alléchants mystères des coulisses.

Un jeune habitant de la province est venu un jour me demander de lui faire voir de près cet intérieur si séduisant, et de l'initier ainsi aux côtés interlopes de la vie parisienne, c'est-à-dire de le faire entrer au théâtre par le côté des artistes.

Je l'emmenai dans la maison Hostein.

Naturellement ce jeune Anacharsis ne connaissait jusqu'ici du théâtre que la portion qui s'étend de la rampe au portique d'entrée : portion riche, brillante, ornée de velours, étincelante de lumière, et accessible à tous.

Nous pénétrons par le côté opposé, à travers un sombre couloir. Le concierge nous laisse passer. Nous ouvrons une porte ; nous sommes dans une sorte de halle, de cour fermée, encombrée de poutres, de planches, de décors et embaumant l'odeur du crottin. Il y a un manége à côté. Nous montons un escalier où on sent le moisi... quelques marches encore : nous sommes *dans les coulisses.*

Le cœur d'Anacharsis palpite d'émotion.

A ce moment, on vient de baisser le rideau.

On pose le décor du tableau suivant.

« Gare dessous !... » s'écrie un machiniste en heurtant violemment le jeune homme avec le portant qu'il fait filer dans la costière.

Anacharsis exécute un bond d'épouvante et saute sur la scène, où il tombe juste dans une trappe mal fermée où il manque de s'estropier.

« Place au théâtre ! » mugit le régisseur en arpentant rapidement les planches, une brochure à la main.

« Gagnons le foyer !... et vivement !... » criai-je à mon compagnon ahuri.

Mais, dans sa précipitation à me suivre, il se jette la tête dans une ferme, et recule du coup sur le garçon d'accessoires qui arrive chargé d'assiettes et de bouteilles, que le choc disperse avec fracas dans les jambes du perruquier entrant au même instant, et qui en laisse tomber ses perruques, dont l'une vient aveugler le jeune Anacharsis d'un nuage de poudre à la maréchale.

Pendant qu'il éternue, que le régisseur pousse des rugissements, que le perruquier jure, que le garçon d'accessoires sacre, que les machinistes rient, que les pompiers s'inquiètent, que les figurants envahissent la scène, je parviens à faire gagner à mon protégé le foyer des artistes, plus propice aux joyeux propos et aux doux entretiens.

Ici, un mélange de diverses senteurs vous saisit aux narines ; on y démêle l'odeur de la poudre de riz, de la pommade de concombres, du cold-cream, et principalement de la sueur et de l'ail.

Ces aromes hétérogènes se dégagent d'un groupe de femmes demi-nues, dont l'aspect dépouillé d'artifice semble plonger le jeune Anacharsis dans une profonde extase.

« Voilà donc, murmure-t-il, où se nouent ces délicieuses intrigues dont... »

Un violent coup de pied qu'il reçoit dans la nuque l'interrompt et lui fait tourner la tête.

C'est une danseuse qui exécute ses battements pour se tenir en haleine.

« En voilà un serin, s'écrie-t-elle. Tâchez donc de vous ôter de là, vous obstruez la circulation... »

Mon jeune homme recule consterné sur le pied d'une opulente princesse en robe de velours, qui pousse une exclamation de douleur. « Aïe !... que le diable le patafiole !... Espèce d'idiot !... Il m'a écrasé mon cor !... »

Anacharsis abasourdi aspire à la banquette comme à un lieu de refuge et va s'asseoir sur une ingénue en robe blanche... un nuage de mousseline...

« Eh ! dites donc, vous !... s'écrie l'ingénue, avec votre face de crétin, faudrait voir à ne pas me chiffonner comme ça !... »

« De grâce ! partons, soupire Anacharsis, je m'ennuie bien ici. »

Je l'aide à regagner l'escalier, dont il dégringole les marches pour fuir plus vite. Nous retrouvons en bas l'odeur du moisi, celle du crottin ; il se jette sur la porte, saute dans la rue ; de là dans une voiture et s'en va se coucher.

Quand Anacharsis sera rentré dans son chef-lieu, ses camarades diront le soir, au café, en le considérant d'un œil d'envie : « Est-il veinard, ce bonhomme-là !... on l'a mené dans les coulisses du Châtelet... A-t-il dû s'en donner de l'agrément?... »

Et Anacharsis relèvera son faux-col en souriant avec scélératesse...

Les grands jours de la maison Hostein sont les jours de *première*, comme on dit en style de boutique. C'est dans ces moments-là que le dessus du panier de la *cocotterie* parisienne paye une loge des prix insensés... Que dirait-on d'une *cocotte* connue sur la place qui n'étalerait pas ce soir-là à l'avant-scène les splendeurs de son chignon invraisemblabe, de ses jupes incommensurables et de sa figure maquillée.

Évidemment elle serait *déshonorée*.

Dès le matin, l'administration est sur les dents. Il a fallu songer à faire le *service* aux journaux, aux personnages officiels, aux fournisseurs, etc., s'assurer si tout est en état, costumes, décors, artistes.

Le soir, la salle est pleine. Le fameux *tout Paris* est là : ce *tout Paris* composé de critiques *influents*, qui viennent par devoir, des hommes et femmes du monde qui viennent par habitude, des *cocodès* qui viennent par vanité et des *filles* qui viennent... par profession.

Ce soir-là, naturellement, tous les effets ratent.

Les décors mal assujettis tombent. Les trucs s'arrêtent en route. La chose n'est pas encore *tassée*. Les artistes prennent des *temps*. La pièce mène jusqu'à deux heures du matin.

C'est une rude corvée!... N'importe!... les gens y reviendront encore à la prochaine fois : ils ne peuvent pas manquer une *première*, que diable!...

Il ne faudrait pas croire que la maison Hostein soit l'asile de l'irrégularité et de la galanterie.

Dans aucun théâtre, les mœurs ne sont plus régulières. Là, chacune a son petit ménage dans la maison. On y vit *maritalement*... en plein pot-au-feu.

C'est patriarcal. Le théâtre du Châtelet est la *maison de Sainte-Perrine des amours.*

Quant à Hostein, nul n'ignore que, malgré les féeries dont il régale le public, c'est un des directeurs les plus littéraires de Paris. Homme d'esprit avant tout, fin comme un renard, auteur lui-même, il est le premier à rire de la prose de ses fournisseurs patentés. Ils lui font faire de l'argent, c'est tout ce qu'il leur demande. Le jour où il sera millionnaire, il jouera des *pièces*.

Seulement, quand sera-t-il millionnaire?

On ne le sait point; il a autour de lui des personnes qui le gênent bien pour cela. Ce qu'il y a de positif, c'est que si Hostein ne fait pas fortune, il y en a d'autres, dans ses environs, qui s'enrichissent.

On reprochait un jour à quelqu'un de sa suite de faire un peu trop *son beurre* chez lui.

Le personnage incriminé répondit : « Hostein laisse tomber ses sous par la croisée; moi je descends les ramasser. Où est le mal? »

Comme tous les hommes de valeur, Hostein a son côté faible. C'est un des cœurs les plus jeunes qu'on connaisse; la vie de théâtre ne l'a point blasé. Il a pourtant contemplé bien des maillots et bien des torses... dans le simple appareil. Il a passé son existence au milieu des apothéoses de femmes palpitantes; il a vécu dans des cariatides de nudités; dans cette voluptueuse et irritante atmosphère de la scène, où il voit tous les soirs des orgies de jambes en ébullition, de plantureuses épaules, de formes opulentes, de corsages peu voilés...

Eh bien !... loin d'être bronzé par ce spectacle incessant, Hostein regarde toujours une femme comme l'enfant regarde sa tartine...

C'est à croire qu'il a dans le cœur tous les feux de Bengale de son magasin.

Quant aux affaires sérieuses, jamais homme ne donne plus de rendez-vous et ne s'y trouve moins. Tous les hommes du jour, qui ont voulu *faire du héâtre*, ont eu des rendez-vous d'Hostein. Demandez plutôt à Philarète Chasles.

Un des côtés lamentables de son existence, c'est l'obligation de subir, à certains jours, des lectures de féeries en trente tableaux !... S'imagine-t-on ce qu'il faut de stoïcisme pour avaler sans douleur autant de mètres d'une telle prose ?

Hostein a tous les courages. La postérité lui en tiendra compte.

Le rêve de la plupart des filles du monde interlope c'est d'entrer dans la maison Hostein, pour figurer en jupe courte ou en simple maillot dans le suprême tableau d'une féerie. C'est, en effet, la meilleure réclame pour celles qui y apportent des *formes*... l'apothéose finale étant aujourd'hui le dernier mot de l'*éloquence de la chair*.

Quand nous aurons ajouté que la maison Hostein est une des maisons de Paris où il entre le plus d'argent et où l'argent séjourne le moins ; quand nous aurons constaté que le spirituel maître du logis ne se contente pas de le semer à pleines mains pour se faire fabriquer des décors d'une magnificence insensée, mais qu'il sait encore le prodiguer pour s'attacher les premiers sujets en vedette des autres théâtres... nous n'aurons pas encore divulgué la moitié de ce qu'il y aurait à conter sur cette maison des Mille et une Nuits dont on pourrait à juste titre, quoiqu'elle soit bien grande, dire, à l'instar du philosophe grec :

« Plût à Dieu qu'elle fût pleine de vrais amis !... »

XIV

LA MAISON PHILARÈTE CHASLES

XIV

LA MAISON PHILARÈTE CHASLES

A l'Institut; sur le même palier que la bibliothèque Mazarine, où M. Philarète Chasles occupe l'excellente et paisible position de conservateur, concurremment avec la chaire instituée au Collége de France pour l'enseignement des langues et des littératures étrangères.

Cet appartement qu'il occupe dans l'édifice ne fait point précisément le bonheur de M. Philarète Chasles. Dans ces grandes pièces aux plafonds élevés, aux larges fenêtres en plein nord sur la Seine, les vents coulis se glissent traîtreusement sous les portes et vous saisissent à la gorge : c'est un séjour de coryzas et de laryngites.

Aussi, l'habitant de ces contrées sibériennes, qui est frileux comme une chatte, passe-t-il au lit toute la partie matinale de son existence, calfeutré sous les couvertures et les édredons, casematé dans son alcôve tendue d'un papier à feuillage printanièrement fantastique, que le maître a voulu choisir lui-même pour s'étourdir sur la température à basse pression de ses pénates officielles. Pour compléter l'illusion il aime à s'entourer de volatiles qui sautent en pépiant dans la chambre et présentent l'inconvénient de maculer les meubles et parfois les vêtements des visiteurs.

Car c'est au lit que M. Chasles reçoit les intimes, pelotonné entre ses draps, le chef capitonné d'un vaste foulard d'où sort malicieusement sa maigre petite figure spirituelle et gouailleuse. C'est de son lit qu'il lance l'anathème contre celui qu'il appelle l'*Auvergnat de la Revue des Deux-Mondes*, et contre M. Pichot, son ennemi domestique de la *Revue Britannique*. Rien ne repose le cœur du visiteur comme de voir Phila-

rète Chasles interrompre de temps en temps sa verte philippique pour saisir sa serinette, qui gît à ses côtés sur la table de nuit, et en jouer un air à ses serins.

C'est dans son lit que le professeur prépare son cours du Collége de France; c'est dans son lit qu'il déjeune, qu'il rédige ses volumineux articles, qu'il traduit, qu'il critique, qu'il réfute, qu'il se livre à mille détails bourgeois, qu'il ajoute des noms sur son livre d'adresses, qu'il écrit aux libraires et aux éditeurs, qu'il range ses vieilles collections de journaux, qu'il fait ses comptes avec sa cuisinière.

Ce fut en 1858 que je fus présenté par un ami commun à M. Philarète Chasles; j'arrivais du département de la Nièvre, mon pays natal, et, après M. Dupin, c'était le premier homme célèbre sous les lambris duquel je pénétrais.

Tandis qu'on nous annonçait, j'eus le temps de recueillir un violent rhume de cerveau dans le grand salon qu'on sentait aussi inhabité que le Groenland perdu.

A mon troisième éternument, le maître entra.

Deux heures tintaient à la grosse horloge de l'Institut ; il sortait du lit...

Diable d'homme ! au bout de cinq minutes on était sous le charme. Quel ravissant esprit ! quelle aimable érudition ! quels ingénieux aperçus !...

J'acceptai avec enthousiasme auprès de sa personne le poste *honorifique* de secrétaire particulier. Mes moyens, à cette époque, me permettaient ce luxe.

Mon premier travail fut d'apprendre l'anglais que j'avais fort négligé depuis le collége.

Jamais professeur ne mit plus d'habileté et de patience à faire entrer Shakespeare dans une cervelle française, je dois le reconnaître.

Mon second fut le rangement de la bibliothèque.

Commençons par révéler que Philarète Chasles a passé une partie de sa vie à ranger sa bibliothèque, grimpé sur une échelle, étiquetant sur des cartons les titres de chaque volume. Ça a été une des principales préoccupations de son existence.

Une autre non moins importante pour lui, c'était la préparation de ses cours, qu'en réalité il ne préparait jamais, mais qu'il se disposait toujours à préparer. Homme de la fantaisie et du caprice avant tout, il arrivait le plus souvent au Collége de France sans savoir au juste sur quoi il parlerait. Il montait en chaire *nerveusement*, bien serré dans sa petite redingote noire, lorgnait avec satisfaction les femmes élégantes qui suivaient habituellement son cours, et se mettait avec une verve intarissable, mais sans la moindre méthode, à improviser sa leçon. Il tenait pendant des heures entières sous le charme son aristocratique auditoire qu'il promenait, de la façon la plus piquante, à travers les âges, les pays et les choses, sans jamais lasser l'attention de l'assemblée captivée.

Ce petit homme tout nerfs, qui laissait tout à l'imprévu, usait de moyens excitants qui ne lui ont pas toujours réussi. Il exaspérait son système nerveux par d'innombrables tasses de café noir très-fort, qui lui donnaient une irritation perpétuelle.

Un jour qu'il devait parler d'un certain livre

anglais sur un rajah des Indes, le roi d'Oude, il arriva en chaire dans un état d'excitation augmenté encore par quelques signes d'impatience du public qui attendait le professeur depuis plus plus de vingt minutes. Alors, M. Philarète Chasles commença ainsi son cours : « Radjah-Sing, ce monstrueux potentat a la solde de l'Angleterre, se prélassait dans son palais comme... comme... un... comme un porc à l'engrais... »

Ici stupéfaction de l'auditoire et murmures dans la salle.

Philarète Chasles reprend avec la ténacité de l'homme énervé : « Oui!... comme un... *porc à l'engrais...* comme un *porc à l'engrais...* »

Le professeur semblait avoir perdu la tête, quand tout à coup une insulte, un coup de sifflet, mettant en ébullition la partie fougueuse de l'homme, lui rend subitement sa présence d'esprit.

Philarète Chasles saisit à côté de lui un volume qu'il ouvre machinalement ; aussitôt un sourire caustique vient pincer ses lèvres; il regarde en face le groupe des tapageurs et dit d'une voix mordante : « Si vous le permettez, nous laisserons pour aujourd'hui le roi d'Oude... Voici la relation du voyage de Duchaillu dans l'Afrique centrale... Nous allons, messieurs, nous occuper des *Sauvages*. »

A cette violente apostrophe si bien en situation, un immense applaudissement fit retentir les échos de la salle...

Dans la vie intime, Philarète Chasles est ce qu'on appelle vulgairement un mauvais coucheur. Il a avec ses fournisseurs des rapports assez tourmentés.

L'auteur des *Etudes de littérature comparée* éprouve le besoin de discuter la note de son porteur d'eau ; il est l'épouvantail des cochers du voisinage ; c'est à qui ne le conduira pas. Quand le concierge de l'Institut va chercher une voiture sur le quai, ce fonctionnaire est obligé d'affirmer sous la foi du serment que ladite voiture n'est pas pour M. Philarète Chasles.

Un jour, on lui avait monté un bain à domicile. Quant vint le moment de régler, dans l'impossibilité de discuter le prix, qui est un prix fait comme celui des petits gâteaux, le traducteur de

Samuel Warren refusa net de payer le bain, sous prétexte qu'on le lui avait servi trop tiède, ce qui lui avait fait gagner un rhume. Le garçon de bains, peu au courant des habitudes de la maison, commençait à faire de l'esclandre. Philarète criait plus fort que lui. Les lecteurs de la bibliothèque Mazarine se groupaient déjà sur le palier. La scène menaçait déjà de prendre des proportions inquiétantes, lorsque quelqu'un eut une inspiration et s'écria : « Voilà M. de Sacy qui monte l'escalier. »

Philarète se hâta de donner trente sous au naturel du Cantal, en le vouant aux Euménides.

Un autre petit travers du maître, c'est de perdre les livres et d'accuser les rédacteurs des *Débats* de les lui détourner pour lui faire pièce.

Car, notons bien ceci : c'est que Philarète Chasles, à l'instar de Jean-Jacques Rousseau, voit des ennemis partout. On l'a déjà comparé au philosophe génevois.

Une fois, dans une soirée littéraire, son chapeau neuf disparut, et il ne trouva en sortant qu'un vieux chapeau à la place. Dans le fond de ce chapeau se trouvaient ces initiales : J. J. Il n'en fallut pas davantage pour qu'il attribuât l'échange à son collaborateur Jules Janin.

Pendant quelque temps, Philarète Chasles eut des périodes terribles; il s'éveillait en sursaut et criait dans le silence des nuits : « Janin, rends-moi mon chapeau!... »

Aujourd'hui encore, quand il parle d'une chose qui s'est passée à cette époque, il dit : « C'était l'année où Janin m'a pris mon chapeau. »

Philarète Chasles, toujours très-coquet de sa personne, se fait accommoder tous les matins par son coiffeur. Un jour le fer, trop chaud, lui grilla légèrement l'épiderme. Il bondit avec fureur sur l'artiste épouvanté en lui disant : « Vous êtes donc payé par M. Sainte-Beuve pour m'estropier ?...

Le travers dominant de Philarète Chasles est donc de se croire en butte à des haines sourdes et à des persécutions occultes de la part de ses collègues de l'Institut et du Collége de France, de ses confrères et collaborateurs, de ses éditeurs, de son concierge qui ne peut jamais lui amener de voitures, de son charbonnier, de son bottier, qui ne lui a point pardonné, prétend-il, ses *Études sur l'Allemagne ancienne et moderne*, et surtout de la part des membres de l'Académie.

Mais ne parlons pas de l'Académie, ce serait raviver une vieille blessure ; et la plaie redevient saignante à chaque élection. Car, voilà des années que Philarète tente en vain de s'introduire dans le docte corps ; les palmes vertes lui causent des insomnies. Pourquoi l'éminent littérateur, le charmant causeur ne peut-il arriver à franchir cette porte qui s'obstine à se fermer devant lui ?...

Pourquoi un ennemi, *qui se tient dans l'ombre*, retire-t-il toujours malignement le *fauteuil* au moment où Philarète se dispose à s'y asseoir ?

Pourquoi cette mauvaise farce se renouvelle-t-elle chaque fois ?...

C'est un mystère que nul n'a pu sonder..... un secret entre Dieu et le secrétaire perpétuel !...

N'essayez pas de faire faire des révélations aux garçons de bureaux de l'Académie. Ils n'en feraient pas.

Ils vous diraient seulement que, la veille de chaque élection, quand minuit sonne... à l'horloge de bronze... le passant attardé du côté des lions de l'Institut, aperçoit une ombre grêle embossée dans un manteau couleur de muraille, qui glisse le long du palais endormi en envoyant des baisers à la coupole, et en geignant lamentablement à la façon des personnages d'Hoffmann...

C'est Philarète somnambule... qui pose sa candidature... *épidémique*...

Comme tous les hommes du jour, l'ancien collaborateur de la *Revue des Deux-Mondes* a voulu faire du théâtre. Quels innombrables rendez-vous n'a-t-il pas donnés à Hostein qui ne s'y trouvait jamais!

Il y a une histoire d'un drame *lapon*, dont les principales scènes se déroulaient dans les solitudes glacées du cap Nord, qui a tenu une large place dans les préoccupations quotidiennes du maître. J'ai toujours eu l'idée que la conception de cette œuvre antarctique était due à l'influence de l'appartement de l'Institut, le seul endroit de Paris où il fît frais l'été.

Victor Séjour, qui fut appelé à la collaboration de cette pièce, déclina l'offre, épouvanté par le réalisme des costumes lapons et le froid incontestable qu'un tel ouvrage devait nécessairement jeter dans la salle la mieux chauffée.

Quant à Hostein, rien que la pensée d'une telle élucubration lui donna le frisson. Il en quitta Paris, et on ne le vit plus que de loin en loin, arpentant clandestinement le boulevard du Temple, dissimulé sous un paletot de fourrures.

Le théâtre de Philarète Chasles se réduit à cette tentative.

Toutefois, l'auteur d'un *Voyage à travers la vie et les livres,* qui a la rancune de l'Indien, comme il en a le flair et la patience, tient sa vengeance toute prête. Il ne se couche pas un soir sans avoir ajouté un chapitre à sa *Ménagerie contemporaine,* qui, d'après une clause spéciale insérée à son testament, ne sera publiée qu'après sa mort. Pour plus de sûreté, il en envoie chaque jour des feuillets, à mesure qu'ils sont terminés, à son exécuteur testamentaire en Angleterre.

Chaque jour, dans le silence du cabinet, Philarète, le *Serpent des Savanes*, aiguise ce stylet posthume qui doit plus tard poignarder ses adversaires.

Tenez pour certain qu'il n'oubliera ni le chapeau de Janin, ni l'attentat de Sainte-Beuve.

Malheur aux académiciens qui ne se doutent pas de la ruse indienne !...

Moi-même, qu'il a accusé en 1858 de lui avoir perdu un volume de la *Révolution* de Thiers, je sais que je suis sur ses tablettes.

Cela ne m'empêche pas de souhaiter de tout mon cœur que la publication n'en ait lieu que le plus tard possible...

Puisqu'à cette époque Philarète Chasles, toujours jeune et fougueux, aura été grossir la liste des hommes illustres, au Panthéon du dix-neuvième siècle, section des agités...

XV

LA MAISON NADAR

XV

LA MAISON NADAR

Au 35 du boulevard des Capucines, une façade d'une architecture fantaisiste *(pas de succursales!)* où flamboie d'or sur champ de gueules la virulente signature du gigantesque maître du lieu.

Si le vieil adage édité par un naturaliste : « Le style, c'est l'homme », n'est pas un vain mensonge, on peut également admettre la vérité de cet axiome : « Montre-moi comment tu signes, je te dirai ce que tu es. »

Jamais proverbe ne fut plus exact qu'en cette occasion. Quiconque voit la signature de Nadar, voit Nadar lui-même.

Rien qu'à son *N* audacieux et tapageur, on devine le *décrocheur d'étoiles,* l'*oseur* dont le cœur est aussi ardent que la chevelure, l'enfiévré de démocratie, le *dernier souteneur* chevaleresque de la Pologne, le casse-cou artistique et littéraire de la haute bohème parisienne; en un mot, on devine Nadar!

Comme type, Nadar est un de ces hommes avec lesquels on sympathise à première vue, et qu'on tutoie après le potage. On l'estime et on l'aime, d'abord pour ses convictions; ensuite, à cause de ses cheveux.

Il y aurait une curieuse statistique à faire sur la quantité de gens qui tutoient Nadar dans la rue.

Ce qu'il y a de *positif*, chez ce photographe, c'est que c'est l'homme le plus tutoyé de Paris.

Chez lui, tout est dégingandé : sa personne et son existence. Il ne vit que par soubresauts; sa journée n'est qu'une continuelle attaque de nerfs. Vous lui parlez?... Sa pensée est ailleurs. Vous l'empoignez par son paletot : il vous glisse des doigts comme une anguille en vous laissant un bouton dans la main...

La maison Nadar, c'est la maison du bon Dieu ; sa table est ouverte à tous. Nul ne tombe importunément chez lui à l'heure où il prend sa nourriture : on apporte un couvert, et tout est dit.

Mais, pour peu qu'on ait un lambeau de la prudence du serpent, on doit se garder d'accepter un déjeuner dans la maison Nadar!...

D'abord, c'est une de ces maisons où l'on n'a pas d'heure. On mange comme cela se trouve... quand le maître rentre... et il arrive parfois qu'il ne rentre pas, même quand il a des invités.

Son excuse est dans le désordre de ses idées... Il oublie généralement rendez-vous et invitations... C'est le royaume du décousu... C'est à épouvanter l'imagination des petits rentiers des Batignolles!...

Il y en a tant, de ces idées... qui bouillonnent dans ce crâne perpétuellement en ébullition!... Les panthéons Nadar, les aéronèphes, les exhibitions, les publications, la photographie, les expédients, les projets incroyables, les tentatives ébouriffantes, les audaces de toute nature, les entreprises de toute sorte...

N'y a-t-il pas là de quoi faire éclater la marmite ?...

Le fameux problème du *Plus lourd que l'air !* occupe toujours sa vie. Il mûrit toujours des châteaux en Espagne à cet endroit, avec son vieux et aimable complice de la Landelle...

Encore un à qui il ne faut point parler des ballons, et qui succombera d'une attaque d'*aérostophobie*...

Car le *Géant*, on le sait, n'était qu'un moyen de récolter des fonds qui eussent été consacrés au grand œuvre. Avec les représentations de l'esplanade des Invalides, on espérait arriver à faire construire la machine aérienne tant rêvée... l'aéronèphe de l'avenir...

Mais les recettes ont été loin de couvrir les frais...

On en sait quelque chose.

Quoi qu'il en soit, Nadar s'est remis avec une nouvelle ardeur à la photographie. Sous son intelligente et active direction, ses ateliers fonctionnent du matin au soir et font merveilles. Ses salons ne désemplissent pas. Les femmes du monde élégant, et même aussi du demi-monde, envahissent ses lambris. On est obligé de prendre son numéro, comme chez le docteur Ricord.

On se heurte, sur ce terrain neutre, aux noms les plus honorables de l'aristocratie féminine, comme aussi on y frôle les crinolines les plus tapageuses du turf de la galanterie.

On y rencontre souvent de jeunes dames suivies de leurs femmes de chambre portant de gros paquets. Ce sont des actrices qui viennent faire plusieurs poses dans divers costumes... généralement les plus décolletés.

C'est excellent pour l'exportation.

Il vient beaucoup d'Anglais, qui achètent les photographies de ces dames... pour se monter l'imagination après le *rumsteak* du soir.

Généralement, ces choses-là s'enlèvent comme du beurre.

Il n'est pas de jour où Nadar ne reçoive de lettres timbrées des départements, où on le prie d'expédier quelques cartes photographiques des *actrices en vogue*.

Encore un signe des temps!...

Au résumé, vous pouvez aller vous faire photographier chez Nadar... mais gardez-vous d'y accepter une invitation à déjeuner... si vous tenez au réalisme dans les questions gastronomiques.

Malgré ses interminables jambes de faucheux, qui semblent plantées pour travailler à deux lieues à l'heure, Nadar n'est pas marcheur; il est homme à prendre une voiture pour traverser le boulevard, en face de sa maison.

C'est en parlant de Nadar qu'on peut dire avec justesse, suivant l'expression pittoresque d'un tailleur : « Ce que l'homme use le plus dans son vêtement, c'est le pantalon. »

Car il est constant qu'une bonne portion de l'existence de Nadar se passe à tapisser sa culotte avec la banquette d'un fiacre.

Aussi, manque-t-il souvent de *fonds*. . . . .

. . . .

Fantaisiste de la haute école, Nadar n'admet pas qu'on *la lui fasse à la grandeur*.

Un jour, aux Champs-Élysées, un ami le présente, sans l'avertir, à une de ces *demoiselles* très connues sur le turf.

Celle-ci, trônant dans son panier d'osier, lui dit d'un petit air protecteur : — Monsieur Nadar, il faudra venir me voir... nous ferons connaissance. Je vous lancerai...

— Allons donc! ma petite mère, riposta le camarade ; c'est moi qui veux vous lancer. Vous n'avez qu'à venir chez le *mastroquet :* je vous offre un saladier de vin chaud, *il y aura des ronds de citron...*

Si nous ajoutons que Nadar, au logis, affectionne les vareuses rouges, et qu'il est la coqueluche des actrices des petits théâtres... nous aurons à peu près complété cette étude d'après nature.

Il a eu bien des faiblesses dans sa vie : mais il faut les lui pardonner... à cause de ses cheveux...

XVI

LA MAISON PONS NEVEU

MAISON NEVEU

XVI

LA MAISON PONS NEVEU

Rousseau disait : « Qu'y a-t-il de commun entre la gloire d'égorger un homme et le témoignage d'une âme droite? Et quelle prise peut avoir la vaine opinion d'autrui sur l'honneur véritable dont toutes les racines sont au fond du cœur? Quoi! les vertus qu'on a réellement périssent-elles sous les mensonges d'un calomniateur? Les injures d'un homme ivre prouvent-elles qu'on les mérite? Et l'honneur du sage serait-il à la merci du premier brutal qu'il peut rencontrer? Me direz-vous qu'un duel témoigne qu'on a du cœur, et que cela suffit pour effacer la honte ou le reproche de tous les autres vices? Je vous demanderai quel honneur peut dicter une pareille décision et quelle raison peut la justifier. A ce compte, un fripon n'a qu'à se battre pour cesser d'être un fripon, les discours d'un menteur deviennent des vérités sitôt qu'ils sont soutenus à la pointe de l'épée, et si l'on vous accusait d'avoir tué un homme, vous iriez en tuer un second pour prouver que ce n'est pas vrai.

« Ainsi vertu, vice, honneur, infamie, vérité, mensonge, tout peut tirer son être de l'événement d'un combat; une salle d'armes est le siége de toute justice, il n'y a d'autre droit que la force, d'autre raison que le meurtre; toute la réparation due à ceux qu'on outrage est de les tuer, et toute offense est également bien lavée dans le sang de l'offenseur ou de l'offensé. Dites, si les loups savaient raisonner, auraient-ils d'autres maximes? »

Je ne sais si Rousseau a voulu parler des duellistes en général, ou s'il a voulu seulement en désigner quelques-uns; dans tous les cas, j'en connais trois ou quatre, à notre époque, à qui cela peut admirablement s'appliquer. Seulement, ce n'est pas chez le professeur d'escrime qu'on devrait aller chercher de quoi leur répondre, mais chez le professeur de bâton.

Ceux qui fréquentent journellement les salles d'armes, à part de rares exceptions, ne sont pas des bretteurs : les armes habituent au respect.

Je m'aperçois que je suis loin de mon *sujet*.

Rue Boissy-d'Anglas, cité du Retiro, à droite, au rez-de-chaussée, vous entendrez des cris sauvages, des rugissements, puis un bruit étrange comme si toute la batterie de cuisine des Tuileries se livrait à une danse effrénée ; le sol tremble sous les *appels* précipités : tout ce bruit est causé par une demi-douzaine d'hommes qui sont là, en ligne, suant, étouffant sous leurs masques. Le prévôt, un vieux militaire, va de l'un à l'autre : «Parez quarte! Engagez tierce! Fendez-vous, une, *deusse*!... Allons, autant, ce n'est pas ça; il faut recommencer. »

Pons, *le marchand de mort subite*, préside aux leçons. *Tout Paris* le connaît (ici je vais être prudent, car qui s'y frotte s'y pique); c'est un tout petit homme, noir comme une taupe, trapu, il a les cheveux plantés, bas sur le front, comme l'Hercule antique ; il ne peut jamais rester en place, et personne ne se souvient de l'avoir vu dormir.

Pons a été souvent la Providence des gens de lettres ; aussitôt que l'un d'eux a un duel, vite à la salle d'armes, la *veille* seulement, car autrement personne n'y songe.

Une fois là, on comprend qu'une épée est plus difficile à tenir qu'une plume ; au bout de cinq minutes, on voudrait bien s'en aller ; mais Pons est là, le *meurtrier*, l'*assassin*, il vous dit : « Allons, en garde ! *piquez* et *rompez* ! Vous toucherez votre homme au bras et tout sera fini, et... en route pour déjeuner. »

Pons a donné des leçons aux cent-gardes, en même temps il en donnait dans un pensionnat de jeunes Anglaises. Il préférait les cent-gardes...

Elles avaient laissé *Shocking* en Angleterre.

Une preuve que la salle d'armes ne rend pas insolent et féroce les hommes honnêtes, c'est que Pons, qui compte, parmi ses élèves, les plus beaux noms de France, n'a jamais eu une mort à déplorer.

Un jour, maître Pons reçut la visite d'une femme voilée, qui lui demanda de vouloir bien lui donner des leçons. Pons accepta, et quelques jours plus tard elle était en mesure, ma foi, de faire bonne figure sur le terrain.

Elle disparut subitement de chez Pons, qui ne sut jamais ce qu'elle était devenue.

Cette femme avait reçu un soufflet d'un monsieur, et, désirant s'en venger, elle prit des leçons. Voici, du reste, la lettre qu'elle écrivit à l'homme qui l'avait souffletée :

« Monsieur,

« Étant remise un peu de l'indisposition causée par votre lâcheté, je viens vous faire une proposition.

« Je n'ai jamais su cracher au visage, ni lever la main sur mes semblables; il suffira de vous dire qu'avec un témoin de votre côté, un du mien, ou point si vous voulez, je ne crains rien...

« Pour les armes, j'ai le choix, je réclame l'épée. Nous nous rendrons en un lieu que nous désignerons, et là je me vengerai.

« Je pense que votre lâcheté ne viendra pas mettre obstacle à ma demande.

« Je vous salue.

« X***. »

Six semaines plus tard, le maire du dixième arrondissement terminait le duel; la lutte, cette fois, dura jusqu'à la mort d'un des combattants.

Il y a beaucoup d'exemples de gens qui fréquentent une salle d'armes une année, et même plus, pour satisfaire leur vengeance.

Je connais certaine histoire d'un mari qui fréquenta la salle de Pons pendant deux ans pour arriver à tuer l'amant de sa femme...

Ceci ne me regarde pas. Le maître d'armes, comme le médecin, est tenu de garder le secret. Pons ne me pardonnerait pas une indiscrétion.

XVII

LA MAISON DORÉE

XVII

LA MAISON DORÉE

J'ai toujours tressailli d'aise en passant devant un cabaret et en lisant ces mots au-dessous d'une enseigne moderne :

MAISON FONDÉE EN 1602

Un monde disparu défile devant moi ; je me représente les cabarets au dix-septième siècle, bien enfumés ; des salles sombres, bien basses de plafond ; une grille en fer à la devanture ; un comptoir en bois ; des tables en chêne et des bancs ou des escabeaux pour siéges.

On n'allait pas dans ces cabarets pour y *voir* des meubles, on y allait boire du vin, du vrai vin, qui montait au cerveau et donnait de l'esprit ou du cœur.

Ces cabarets avaient chacun une clientèle qui ne se mêlait pas : on n'était pas fidèle aux femmes, mais on était fidèle au vin. Vénus avait tort devant Bacchus, et on avait raison : l'amour rend blême, le vin rougit la trogne ; l'amour vous fait souvent prendre le monde en haine ; le vin vous fait aimer la créature en buvant à la santé du Créateur ; le vin a inspiré de grands poëtes. N'était-ce pas dans un cabaret, à l'enseigne du *Mouton blanc*, que se réunissaient la Fontaine, Boileau, Molière, et *tutti quanti* !

Le prince de Ligne et le comte de Pœlnitz sortaient ensemble d'une bonne petite orgie dans l'un de ces cabarets.

Le prince de Ligne s'écria :

— Mon Dieu ! que les Français ont donc d'esprit !

— C'est bien malin, répondit le comte de Pœlnitz, quand on a des vins comme ceux-là à boire !

Peu à peu, la blouse a fait place à l'habit ; en

nous démocratisant, nous sommes devenus aristocrates ; les cabarets ont fait comme nous, peu à peu ils se sont transformés, ils se sont déplacés et sont devenus des restaurants ; la grille de la devanture a fait place à de superbes glaces ; le sol battu est couvert de magnifiques tapis, des fauteuils remplacent les escabeaux ; les tables sont blanches comme neige, les couverts d'étain se sont transformés en argenterie ; il y a des dorures partout ; le service est fait par des messieurs en habit noir, etc., etc. Ah ! vous voulez du luxe, vous en avez ; ça se paye, mais vous ne l'emportez pas !

Un de ces restaurants, situé à l'angle de la rue Laffitte et du boulevard des Italiens, par son luxe a mérité le surnom de *Maison Dorée*. Lui a-t-on donné ce titre ? l'a-t-il pris ? je ne sais, mais toujours est-il que dans les cinq parties du monde on connaît la *Maison Dorée*.

Un scrupule me vient ! on ne manquera pas de dire : — Les auteurs de ce livre font une réclame à MM. Charles et Ernest Verdier, c'est leur visite de digestion.

Après, quand cela serait ? mais cela n'est pas,

malheureusement : comme le petit Savoyard, nous avons plus souvent mangé notre pain sur le trottoir, devant les soupiraux des cuisines, à la bonne odeur qui s'en échappe, que dans les grands salons princiers de cette belle maison.

J'ai dit princier, je crois, je ne m'en dédis pas, quoiqu'il n'y ait pas que des princes qui y mangent; pourvu qu'on paye au comptoir, les écus sont toujours nobles.

Cette maison a conquis droit de cité, elle est intimement liée à l'histoire de Paris ; c'est là que se décomposent ou se divisent les grands noms et les grandes fortunes. Si Verdier n'était pas muet comme un sphinx et discret comme la tombe, ce chapitre serait assurément fort réjouissant ; mais, hélas ! il faut que je me contente de ce que la chronique m'a appris.

La Maison Dorée est ouverte depuis le 24 juin 1841 ; à cette époque, le boulevard des Italiens n'avait pas le brillant espect qu'il a aujourd'hui. Le pavé, le gros pavé s'épanouissait en maître au milieu de la chaussée ; au lieu de ces manches à balai, garnis de feuilles mortes, qui ont l'air de

MAISON DORÉE

vieillards du règne végétal, déplumés, rabougris et rachitiques, il y avait de grands ormes étendant leurs branches presque jusque sur le milieu de la chaussée, et donnant leur ombre à tous, une ombre épaisse, discrète et mystérieuse.

Où sont allés ces beaux arbres? Ils ont servi, en 1848, à faire des barricades, leurs branches à faire des brancards pour les blessés et pour les morts, et puis ils sont retournés à la terre sous la forme de cendres.

Mais laissons cela et revenons à la Maison Dorée.

C'est l'heure du dîner, six heures, l'heure solennelle pour les gourmands qui communient avec un bifteck; les tables des trois salons du rez-de-chaussée, qui, soit dit en passant, sont les plus vastes et les plus élevés de Paris, s'emplissent d'une foule élégamment mise. A première vue, on ne peut juger l'état de fortune ni la position de ces gens, mais cela n'est pas mon affaire...

A l'entresol (ici il faut aller très-discrètement) se trouvent les cabinets particuliers : dix-huit cabinets. Oh! si les cloisons avaient des oreilles et si elles pouvaient parler!...

Le plus renommé de ces cabinets, c'est le grand **6** : un salon de vingt couverts, les murailles disparaissent sous un placage en laque représentant différentes scènes japonaises. C'est frais, charmant et ravissant.

Il y a quelques années, ce salon était public, c'est-à-dire qu'au lieu d'une seule table, il y en avait une demi-douzaine de petites, et que tout le monde isolément pouvait y venir prendre son repas; mais les femmes envahissaient tellement la place, que les maîtres de céans, pour mettre une digue à cette marée montante, durent n'en permettre l'accès qu'à une seule société.

Alors que ce salon était public, il s'y passait de drôles de choses.

Le duc de B..., bien connu par ses diamants et la noirceur de sa barbe et de sa chevelure, venait régulièrement y manger sa côtelette.

Un soir un inconnu arriva, accrocha sans façon son pardessus à la patère, derrière le duc, et se fit servir un modeste dîner et de quoi écrire. L'inconnu toucha à peine à ce qu'on lui servit, il avait l'air de vivre *par correspondance*. Il écrivit une heure environ, sonna le garçon, paya sa note, une note bien modeste, huit francs; puis passa derrière le duc, fouilla dans la poche de son pardessus et revint se rasseoir à sa place.

Le duc et l'inconnu étaient seuls dans le salon.

L'inconnu, remis dans son fauteuil, s'étendit mollement, comme un homme qui va digérer en paix, puis il se fit sauter la cervelle.

Le duc portait la première bouchée à sa bouche, il faillit avaler sa fourchette de la peur que lui causa la détonation.

Il se suspendit aux sonnettes, fit un vacarme de tous les diables... enfin les garçons arrivèrent.

Le duc leur cria : — En voilà un imbécile, il ne pouvait pas attendre que j'aie dîné, ou bien il ne pouvait pas aller se brûler la cervelle ailleurs !

Bon cœur, va !

Au temps où les bals de l'Opéra florissaient, quand il y avait la *belle société*, on remarquait dans le foyer une belle grande femme, aux épaules d'Hercule, à la taille de nymphe, à l'estomac rebondi, opulent, qui glissait silencieusement au milieu de la foule, hermétiquement cachée sous un loup de velours, mais à travers duquel on apercevait deux grands yeux brillants comme des escarboucles.

Cette femme était toujours seule; elle n'avait jamais parlé à personne, c'était une énigme vivante, tous les habitués du bal avaient perdu de nombreux paris à vouloir la déchiffrer.

Une nuit, l'un d'eux se sentit pris par le bras, et la dame en question lui dit d'une voix bien douce : — Voulez-vous souper avec moi?

L'homme, abasourdi, balbutia un Oui d'une voix timide.

Les voilà partis tous deux bras dessus, bras dessous, à la Maison Dorée. Ils demandèrent un cabinet et soupèrent joyeusement et copieusement.

Au dessert, l'homme voulut naturellement voir le visage de sa compagne, et même un peu plus. La femme, d'un geste de reine, l'arrêta; elle fouilla dans sa poche, en sortit un bijou de pistolet, et lui tint à peu près ce langage :

— Je vous ai demandé si vous vouliez venir souper avec moi, vous m'avez répondu oui ; nous soupons à frais communs, donc je suis libre; si vous faites un geste, je vous brûle la cervelle. Je suis Américaine, vous comprenez? Si, au contraire, vous êtes ce que doit être un galant homme, nous serons amis... Buvons, rions! Vous voulez voir mon visage, vous y tenez? c'est fait : regardez !

Ce disant, elle ôtait son masque et l'homme vit une splendide créature.

— Buvons, rions! fit le monsieur.

Deux heures plus tard, les garçons trouvèrent les deux convives, dormant chacun de son côté, complétement ivres.

C'est égal, le supplice de Tantale était dépassé.

Les habitants de la Maison Dorée peuvent être malades, ils ont sous la main le *docteur Champagne*, maître Favrot. Comme cela est bizarre, le docteur recommande l'eau à ses malades, sans doute pour qu'ils lui laissent tout le vin.

Quel joyeux compagnon, et comme sa bonne mine inspire la confiance! La seule tisane qu'il ordonne, c'est la tisane... Ruinard.

Au début de ce chapitre, je parlais des bons vins de nos anciens cabarets; ils se sont, à ce qu'il paraît, réfugiés dans les caves de la Maison Dorée.

Ces caves-là sont rangées comme une bibliothèque; comme on aimerait à les feuilleter, ces volumes-là! Il y en a, de ces bouteilles, CENT VINGT MILLE, et pour une valeur de plus de SIX CENT MILLE FRANCS! Tout cela brille éclairé au gaz; le sol est sablé; une odeur délicieuse vous prend à la gorge, c'est vaste comme un palais; et dire que l'humanité est là tout entière, que cela est réservé à un petit nombre d'élus! En voyant cela, je comprends qu'on devienne communiste, je comprends qu'on regrette la fortune et qu'on *blague* les Allemands, ces lourds buveurs de bière...

Si Noé voyait cela! Si Mahomet l'épileptique buvait de ce *château-yquem !*

Ces bouteilles me rappellent un apologue juif, ravissant, à mon avis :

Noé vient de planter la vigne.

Satan l'a vu.

— Si de cette plante je pouvais me faire un auxiliaire! se dit-il.

Et il se mit à tant réfléchir, qu'il finit par trouver.

Un agneau broutait à sa portée, il l'égorge et de son sang arrose le précieux cep.

Un singe, perché au haut d'un arbre, descend aussitôt et s'approche, histoire de se rendre compte de la scène dont il vient d'être témoin.

Satan le happe d'une main, de l'autre lui tord le cou, lui ouvre la veine et continue son opération d'arrosage.

Un lion qui rôdait aux environs, sentant la chair fraîche, accourt.

Satan, d'un coup de griffe, lui ouvre la jugulaire, et le sang du lion vient à son tour imbiber la terre.

Un pourceau, qui de son groin rasait le sol en chantant à sa manière les louanges du Seigneur, vient à passer par là.

Satan immole cette quatrième victime, dont le sang inonda littéralement la terre, au point que le cep de vigne faillit en être noyé.

Puis il se retire, tout joyeux du bon tour qu'il vient de jouer à l'homme.

Voici les résultats qu'il obtint :

1re BOUTEILLE. — L'homme est aimable, caressant, il ne chercherait pas querelle à une mouche.

C'est le sang de l'agneau qui agit.

2e BOUTEILLE. — L'homme est vif, un peu folâtre, il trouve toutes les femmes ravissantes, il saute, il gambade joyeusement.

C'est l'effet du sang de singe.

3e BOUTEILLE. — L'homme devient fou, intraitable, il ne souffre pas d'opposition, il veut que tout lui cède, il sent que rien ne l'égale au monde.

C'est la vertu du sang de lion.

4e BOUTEILLE. — L'homme perd son bon sens tout à fait, il ne sait plus se conduire, il roule dans la fange, il est descendu au-dessous de la brute.

C'est le sang du pourceau qui opère.

Dieu me pardonne ! j'allais passer la cave en revue. Je me sauve bien vite, ces bouteilles me font peur...

. . . .

Il faudrait un volume, si l'on voulait faire une

étude complète des habitués de cette maison, étude qui serait bien curieuse à plus d'un titre.

Il me suffira de dire que les *virtuoses du trottoir* n'y viennent qu'en cachette et qu'accompagnées, non pas que je veuille dire que la Maison Dorée soit une succursale de Saint-Denis. Mais enfin on doit savoir gré, aujourd'hui que la cocotte est passée dans nos mœurs, on doit savoir gré, dis-je, à des maîtres d'établissement de ne pas battre monnaie avec.

XVIII

LA MAISON DU COIFFEUR

MAISON DU COIFFEUR

XVIII

LA MAISON DU COIFFEUR

C'est jour de bal à l'Opéra. Il est neuf heures du soir. La foule inonde les salons. Les femmes dominent...

Le gaz fait étinceler les chevelures rousses... Les émanations du philocôme et de la pommade envahissent l'atmosphère... Une odeur de grillé chatouille les narines...

Ici l'on coiffe.

Le patron, seul dépositaire de l'*eau Négritive abyssinienne*, et inventeur breveté du *double toupet mécanique à triple courant d'air*, a l'œil partout.

Les *artistes* sont sur les dents.

Ils se multiplient sous le commandement du chef :

« Une friction sèche à monsieur ! »

« Une barbe riche, entourée de soins ! »

« Attention au bombage du tube capillaire et à la désinfection des tissus à l'aide du philocôme hygiénique et de l'élixir péruvien à base ferrugineuse !... »

« Boum !... »

C'est une maison du premier ordre. On y voit des machines qui brossent la tête du client (système américain). La science du postiche y est poussée jusqu'à ses dernières limites. Le coup de peigne y est élevé à la hauteur d'un art.

Et quelle clientèle !

Voyez plutôt !... La soirée s'avance !... La foule grossit...

LA PREMIÈRE CLIENTE.

Allons, Ernest !... est-ce que tu vas me faire poser longtemps comme ça ?...

ERNEST.

Vous voyez bien que j'ai madame *en main*.

LA CLIENTE en main.

Soigne-moi le coup de fer, mon petit; j'ai besoin de faire mes frais ce soir. Tu sais? c'est toi qui m'avais coiffée mercredi pour le Casino, et je suis rentrée bredouille !

ERNEST.

Vous allez me mettre ça sur le dos, maintenant?... Vous ferai-je un nettoyage du bulbe au philtre javanais... ou une simple friction à la leucodermine?...

LA CLIENTE en main.

Tu sais? faudrait voir à ne pas me la faire ! Garde ça pour le voyageur.

LA TROISIÈME CLIENTE.

Patron! passez-moi donc du rouge pour mes lèvres.

LE PATRON.

Voilà. C'est trois francs.

LA TROISIÈME CLIENTE.

Bon. Vous m'ajouterez du blanc de perles, un sachet, une boîte de savon à la laitue et un flacon d'eau de lavande ambrée... et vous ferez régler ça par le petit brun là-bas... quand on l'aura rasé...

LE PATRON.

Tiens ! un nouveau ?...

LA TROISIÈME CLIENTE.

Je l'ai pincé à cinq heures au passage Jouffroy. Il fait bien les choses.

LA PREMIÈRE CLIENTE.

Comment que ça se fait que tu n'es pas pompette, alors ?

LA TROISIÈME CLIENTE.

Il m'emmène au bal de l'Opéra. Je me réserve.

LA PREMIÈRE CLIENTE.

En a-t-elle, une veine !...

· · · · · · · · · · · · ·

Ce léger échantillon peut donner une idée de ce qu'est la clientèle de neuf heures à minuit, les jours d'Opéra.

Il y a un moment sérieux dans la vie du patron : c'est le concours annuel de coiffure.

On sait quelle place énorme tient aujourd'hui le cheveu dans le monde? Nul n'ignore l'importance du postiche par le temps qui court, et son influence sur les mœurs et les institutions modernes...

Jadis, le consommateur était exposé à trouver parfois un cheveu égaré dans son potage : aujourd'hui, on se garde bien de laisser traîner un article devenu l'objet d'un commerce aussi productif, aussi florissant, aussi considérable, ce qui a fait entrer l'art du coiffeur dans une phase de progrès très-accentuée.

C'est pour lui évidemment qu'a été inventé le proverbe : « Il n'y a pas de plaisir sans *peigne*. »

Une remarque à ce propos. Le postiche s'avoue parfaitement aujourd'hui, comme s'avoueront plus tard les dentiers mécaniques. Les dames apportent encore une certaine réserve de ce côté-là : mais elles arriveront parfaitement à confesser leurs osanores comme elles confessent aujourd'hui leurs rouleaux, bandeaux, sous-bandeaux, chignons, crépons, repentirs, tire-bouchons, coques, anglaises, cache-peigne et fausses nattes.

Porter de faux cheveux, c'est reçu... absolument comme de porter de fausses tournures...

Pourquoi n'en serait-il pas de même pour les fausses dents ?...

C'est le secret de Polichinelle, après tout.

« Qui est-ce qui a des dents aujourd'hui ?... » comme disait cet ingénieux courtisan à Louis XIV édenté...

Donc, de nos jours, le coiffeur est, plus que jamais, une puissance. C'est un sacerdoce qu'il exerce dans cette boutique où deux figures de cire en coiffures et toilettes de bal s'épanouissent à la vitrine. Il fonde des feuilles spéciales, s'improvise rédacteur en chef de journaux de modes et... n'en est pas plus fier pour cela. Car, comme jadis, il *va-t-en ville*.

Tout ce qui a touché à la littérature dramatique se souvient de la fameuse maison de la rue du Temple, au coin de la rue de Vendôme (aujourd'hui rue Béranger), où l'on coupait les cheveux d'après le *système Patin* ?...

Le patron de la maison, nourri des saines traditions des maîtres, était le barbier le plus *littéraire* de Paris. Le jour où il eut une lettre insérée au *Figaro*, il appela M. de Villemessant son *cher confrère* et tutoya Cochinat.

A partir de ce moment, il rechercha la collaboration de Lambert Thiboust et de Théodore Barrière, ses clients de fondation. Il confectionna des *scenarios* de pièces à femmes et se mit à *bêcher* les directeurs de théâtre.

Son rêve était de faire partie de la Société des auteurs dramatiques. Il eût donné toutes ses bonnes lames de Tolède pour pouvoir toucher des droits chez Perogallo !...

Il élabora dans le silence du cabinet une certaine brochure contre le pouvoir temporel qui devait remuer le monde et faire grincer Veuillot...

C'était intitulé : *la Tiare et l'Épée* !...

Cela n'a jamais paru ; je crois même que cela n'a jamais existé qu'en projet...

Mais il a vécu des années là-dessus.

Il prétendait que *tout ce qui porte des gants dans la jeune littérature* déposait son pardessus à son vestiaire, et que les *Auverpins de la chronique* lui pinçaient ses mots et lui filoutaient ses *nouvelles à la main*.

C'est lui qui envoyait aux journaux politiques des faits divers ainsi rédigés :

« Un événement aussi étrange qu'imprévu a jeté ce matin l'*épatement* sur le boulevard du Temple. Mademoiselle X... des *Délass...-Com...*, ayant rencontré mademoiselle Z... des *Fol...-Dram...* au bras d'un jeune homme sur lequel il paraît qu'elle avait des *droits superbes*, s'est précipitée sur celle-ci avec une impétuosité augmentée par l'attitude pleine de provocation de sa rivale. Ces dames se sont, pendant quelques minutes, *crêpé le chignon*, à la grande joie de la populace.

Le jeune homme, qui n'était *nullement préparé*, s'est empressé de *jouer la Fille de l'air...* »

... Il n'a jamais pu pardonner au *Journal des Débats* de n'avoir pas inséré ce fait-divers dans ses colonnes.

Il avait des tournures de phrases qui ahurissaient le client de passage. Il ne disait pas : « Veuillez vous asseoir... » mais : « Prenez donc la peine de vous appuyer la région lombaire contre les rugosités de cet escabeau... »

En un mot, c'était un type.

Aujourd'hui, il est retiré des affaires : il a des rentes !...

Mais, comme il dit : « Il y a un *cheveu* dans son existence... c'est de ne pas faire partie de la Société des auteurs dramatiques...

. . . .

Depuis le jour où il est cueilli par le chasseur de chevelures dans les *pardons* de Bretagne ou les *assemblées* d'Auvergne sur les têtes féminines de Plougastel ou d'Aurillac, le cheveu subit une série de traitements minutieux.

17.

Quand le *chineur* ou *margoulin* a livré sa marchandise au courtier en cheveux, intermédiaire chargé de ramasser le produit des coupes, celui-ci traite directement avec le marchand en gros, chez lequel le cheveu est travaillé, cuit au court bouillon et soumis à d'innombrables préparations indispensables avant qu'il passe dans la main industrieuse du coiffeur.

C'est ce qui vous explique comment les cheveux se vendent de 600 à 650 francs le kilogramme quand ils atteignent une longueur d'un mètre.

Vous le voyez, il faut encore avoir des moyens pour se payer du postiche...

Et pourtant... je connais des gens qui, malgré leur peu d'encaisse métallique, ne manquent jamais de *toupet*...

La création d'une école professionnelle a promptement répondu aux besoins de l'époque.

Chaque année, il y a un grand concours de professeurs dans lequel sont décernées des médailles.

Cette solennité a généralement lieu à la salle Molière, au bout du passage, au fond de la cour.

Vous entrez... Le coup d'œil est original. Au milieu d'un espace laissé libre au centre de la salle se dresse une longue table couverte d'une nappe blanche, sur laquelle sont étalés un double rang de miroirs de toilette et, à côté de chacun d'eux, la boîte mystérieuse qui dissimule dans ses flancs l'arsenal du coiffeur.

Devant chacun de ces miroirs, installée sur une chaise et abritée sous un peignoir protecteur, une femme modèle (dans le sens technique) livre ses trésors capillaires à un professeur qui s'efforce de produire les effets les plus nouveaux, et opère sa démonstration silencieuse et rapide sur la tête confiée à sa dextérité.

Un tableau ravissant (un sujet pour le concours des Beaux-Arts), c'est quand la main fiévreuse de l'artiste dénoue le lien qui retient captives les chevelures des modèles...

... Alors, une avalanche blonde, rousse ou noire enveloppe tout à coup d'un manteau soyeux toutes ces jeunes femmes immobiles...

Rien de chatoyant à l'œil comme cette cascade multicolore!

Mais, sous les doigts habiles, tous ces cheveux récalcitrants viennent bientôt se grouper avec art et former les dessins les plus variés. Chaque professeur a son style, plus ou moins fantaisiste.

La coiffure achevée, le peignoir tombe; le modèle se lève, et chaque professeur présente son œuvre à l'assemblée, qui applaudit avec enthousiasme aux savantes élucubrations, aux audacieuses conceptions, aux innovations heureuses...

A la fin de la séance, on groupe tous les modèles, de façon à pouvoir juger du résultat général de ce concours et fixer les récompenses en embrassant à la fois tout le travail de la soirée.

Quelques professeurs éprouvent une émotion telle, en se mettant ainsi à l'œuvre devant le public nombreux qui les entoure, que plusieurs d'entre eux sont couverts d'une sueur froide et tremblent comme un débutant qui entre en scène. Quelques-uns même perdent momentanément la tête....

Heureusement que celle du modèle est toujours là, et qu'après cette première impression l'amour de l'art et le soin de leur réputation les rappellent au sang-froid nécessaire.

Quant à celle qui ne craint pas de livrer aux regards indiscrets tous les mystères de ses opulences capillaires, elle prend patience sous le peignoir et sert de mannequin avec joie en songeant à la splendide coiffure inédite dont elle va avoir les prémices.

Elle tend les épingles au praticien empressé autour d'elle, et l'encourage de ses plus doux sourires..... quand elle n'est pas trop agacée.....

Notons, en terminant, que le premier besoin de la femme *qui se lance*, c'est le *postiche*.

Le *postiche* vient avant tout : c'est son objet de premier équipement pour aller en guerre.

L'autre jour, je me trouvais chez le coiffeur de la place Cadet, une maison où l'on peut étudier d'après nature, quand arrive une jeune cuisinière d'un physique peu avantageux.

— Donnez-moi donc une natte de telle façon... dit-elle à la patronne.

— Voilà... lui répond celle-ci ; c'est cinquante francs.

La cuisinière paya cinquante francs sans sourciller.

— Je viens, dit-elle, de faire la connaissance d'un Russe qui *a le sac*... Il m'emmène voyager. Je suis en train de me monter ; mais, vous voyez, avant de commander mes robes, j'ai songé au plus pressé...

Et la cuisinière s'éloigna avec sa fausse natte.

La patronne la regarda sortir, et haussant les épaules dès que la porte fut fermée, me dit : — Ce sont mes meilleures clientes. Hier, ça lavait la vaisselle chez la voisine en face... aujourd'hui ça s'achète des cheveux. . . . .
. . . .

Et moi, je m'en allai rêvant à ces jeunes hommes qui entretiennent des laveuses de vaisselle...

CONCLUSION

CONCLUSION

Si nous voulions esquisser toutes les *Maisons comiques* que renferme Paris, le cadre du présent volume ne suffirait point pour compléter ce travail. Nous avons donc dû nous borner à parler des plus saillantes.

Mais combien il en reste encore !...

Nous n'avons rien dit de la Maison du faubourg Poissonnière où l'on fabrique des artistes... garantis par l'administration...; de cette boîte à musique où il y a, chaque année, de si terribles moments à passer... par exemple le jour consacré au concours de piano !

Vous figurez-vous des examinateurs obligés d'entendre cent cinquante ou deux cents fois de suite le même morceau de piano ?...

N'y a-t-il pas là de quoi provoquer subitement quelques attaques d'hydrophobie ?...

Je me suis maintes fois étonné de l'étrange faiblesse de l'autorité à l'endroit de l'engin malfaisant qu'on appelle un piano, et je n'ai jamais compris pourquoi elle encourageait des écoles publiques destinées à inoculer le venin, en propageant la contagion et en multipliant le nombre de ces instruments qui attentent au repos public...

Encore... si le Conservatoire ne poussait qu'à l'exercice de la comédie ou de la tragédie... cela ferait moins de bruit !

Il est vrai que la fabrique du faubourg Poissonnière forme des pianistes qui savent se retourner dans la vie...

Comme celui-ci, par exemple :

Un lauréat du Conservatoire arrive dans une petite ville d'Allemagne. Il fait afficher son premier concert.

Le soir... ô déception !... *trois* spectateurs seuls ornaient la salle...

Des amateurs choisis, évidemment... mais c'est bien peu...

Pour gagner du temps et donner au monde le temps de venir, l'artiste passa une heure et demie à accorder son piano.

Puis il passa une autre heure à essayer quelques accords *ploqués*...

Personne ne venait...

Bien plus, un des trois spectateurs commençant

à s'impatienter, voulut s'en aller et demanda son argent.

Ce symptôme inquiétant décida le pianiste à s'exécuter...

Il se mit donc à jouer.

Tout à coup, une idée lumineuse lui traverse l'esprit... Il s'interrompt, se lève et, saluant gracieusement son auditoire :

— Messieurs, s'écrie-t-il, vous devez avoir assez de musique. Voulez-vous me faire l'honneur de souper avec moi ?...

Cette invitation originale fut accueillie avec enthousiasme.

Le pianiste fit très-bien les choses.

Il conduisit *son public* au premier hôtel de la ville... et on se sépara au jour dans un enchantement mutuel.

Ce jour-là même, le pianiste annonça un second concert.

Cette fois, la salle était comble. Il y avait plus de deux mille auditeurs.

Mais, après le concert, leur désappointement fut extrême...

Il n'y eut pas de souper.

Seulement... la recette était superbe.

. . . .

Une autre *Maison comique* à signaler encore, c'est la Maison des *Arènes athlétiques*, dont les inimitables réclames dépassent tout ce qui a été fait jusqu'ici en ce genre.

Cette Maison, où les *torses fumants des athlètes* s'entrelacent devant un public haletant et trépignant d'enthousiasme, ne recule pas devant les affiches les plus prodigieuses. Elle a poussé la réclame jusqu'à une note héroïque dont on n'avait pas encore l'idée : en un mot, elle a innové l'*annonce épique.*

C'est également à elle que nous devons le truc de l'*homme masqué*, qui a si admirablement réussi.

Parlerons-nous de la *Maison de Molière*, qui dresse orgueilleusement sa façade restaurée sur sa nouvelle place rectifiée, et considérablement augmentée ?

Ce ne serait pas assez d'un volume pour raconter ce qui s'y passe... et ce qui s'y est passé depuis le jour où messieurs les comédiens *ordinaires du roi* ont quitté l'hôtel de Bourgogne et sont venus s'installer dans les bâtiments du Palais-Royal.

N'oublions pas dans cette nomenclature la *Maison du dentiste...*

N'avez-vous pas éprouvé ces horribles angoisses, ces transes effroyables, ces tremblements nerveux, cette appréhension, pire que le supplice lui-même, au moment où vous vous dirigiez, la sueur au front et l'enfer dans les gencives, vers la demeure de l'opérateur, pour vous faire extraire ce fragment d'émail et d'ivoire, source de vos douleurs ?...

Arrivé devant la porte, en face de ce lugubre tableau animé de mâchoires automates, ne vous êtes-vous point arrêté, l'hésitation au cœur et la terreur dans l'âme ?

Puis, exaspéré par cette souffrance incessante qui vous brûlait comme un fer rouge, n'avez-vous pas rapidement escaladé les marches, sans regarder derrière vous, et tiré le cordon de la sonnette avec une énergie fébrile ?

...Alors, votre voix s'arrêtait dans votre gosier... un nuage passait devant vos yeux... Pendant que vous attendiez votre tour au salon, il vous semblait déjà sentir le fatal instrument cueillant votre molaire enragée dans son alvéole frémissante...

Une hallucination !...

Alors, soudain... la torture disparaissait comme par enchantement... Vous n'écoutiez pas la voix du praticien qui vous disait : — Si monsieur veut passer au cabinet... », et vous vous précipitiez dans l'escalier avec l'ivresse du condamné qui a obtenu un sursis...

. . . .

Aujourd'hui, ces transes sont supprimées. La science a fait un pas : *on n'arrache plus, on guérit !*

Tout le monde y gagne... le client comme le dentiste.

Bilboquet est dépassé.

. . . .

On nous reprocherait de ne pas ranger dans la catégorie des *Maisons comiques*, la *Maison matrimoniale*... cette providence du célibataire, où s'élabore dans l'ombre et le mystère la haute comédie sociale de l'humanité.

Sur les registres de la maison... le sentiment y est tenu en partie double... le prétendant est représenté par un chiffre, la future par une somme, Il y en a pour tous les goûts, pour toutes les bourses. On n'a qu'à demander pour se faire servir.

Discrétion et célérité !... c'est la devise de la maison !

. . . .

Inscrivons encore sur notre liste la *Maison de paix*, où les parties adverses, sur l'invitation pressante du greffier, viennent se concilier à heure fixe...

. . . .

Midi sonne à l'horloge de la mairie de l'arrondissement... un flot impétueux envahit la salle d'audience... chacun passe à son tour dans le cabinet du juge de paix, qui s'efforce de répandre l'harmonie autour de lui.....

C'est là qu'ont lieu les scènes les plus burlesques. Chacun veut avoir raison. Les deux parties parlent à la fois... elles se montent en parlant... et le magistrat a fort à faire pour les ramener dans une voie conciliatrice.

C'est une rude tâche, et le juge de paix, chargé de faire rentrer la concorde dans les cœurs, a besoin d'une forte cuirasse de patience.....

. . . .

Ajoutons à notre classification la *Maison de l'homme qui reçoit*, où le comique atteint parfois jusqu'au grotesque.

Ici, la vanité est le principal mobile.

L'espérance de faire parler de soi dans les journaux et de se faire citer dans le *monde parisien*, décide souvent un maître ou une maîtresse de maison à s'imposer plusieurs mois de gêne pour donner une de ces soirées qui comptent dans la chronique.

La première opération, en lançant ses invitations, est de se procurer le chroniqueur patenté d'une feuille bien posée, afin que le lendemain on puisse lire dans la colonne à ce destinée :

« Hier, une petite fête improvisée réunissait chez M. X... l'élite de la société parisienne. La toute charmante madame X... en a fait les honneurs avec sa grâce habituelle. Sa vaporeuse toilette se composait, etc., etc., etc. »

. . . .

Notez que M. X... aura entassé soixante ou quatre-vingts personnes dans trois pièces pouvant en contenir une trentaine en se serrant bien ; qu'il se sera livré à de laborieuses combinaisons pour arriver à confectionner économiquement ses verres d'eau sucrée ; et que la famille dînera pendant le reste du mois avec le reste du *bouilli*...

Mais... le chroniqueur patenté lui consacrera quinze lignes dans son article de demain !...

Il sera bien récompensé !...

. . . .

Terminons celte série de *Maisons comiques* en indiquant pour mémoire :

Le *Bureau de l'omnibus*, où vous vous réfugiez un dimanche qu'il pleut et que vous êtes pressé de rentrer pour dîner, et où l'on vous délivre le numéro 173.

— Le *Bureau de placement* des deux sexes.

— La *Pension bourgeoise*, à laquelle on n'ose plus toucher après Balzac.

— La *Maison de la marchande à la toilette*, qui loge des demoiselles en garni et qui mérite une étude à part.

— La *Maison de détention de la garde nationale*, nouvelle édition.

— Les *Carrières d'Amérique*, une maison dont les locataires se renouvellent fréquemment.

— La *Bourse*, où la comédie passe souvent à l'état de drame.

— La *Maison des pompes funèbres*, où la gaieté est teinte en noir.

La *Maison du mont-de-piété*, où le comique le dispute au lugubre.

— La *Maison de l'Observatoire*, qui me fait toujours rire...

— La *Maison législative*... une *Chambre* où l'on joue la comédie de *salon*...

Et *tutti quanti*,... dont le détail nous mènerait trop loin...

. . . .

En somme, presque toutes les maisons ont leur contingent de comique à côté de leurs drames inconnus.

La vie, elle-même, n'est autre chose qu'une grande comédie...

Faisons comme l'honnête Démocrite : hâtons-nous d'en rire,... de peur d'être obligés d'en pleurer...

FIN

TABLE DES MATIÈRES

	Pages.
Avant-propos qu'il faut lire.............................	7
I. La Maison Girardin.............................	11
II. La Maison 123 de la rue Montmartre............	27
III. La Maison A. Vermorel.......................	69
IV. La Maison J. Vallès...........................	79
V. La Maison Millaud............................	103
VI. La Maison Sari...............................	133
VII. La Maison Frédérick Lemaître.................	151
VIII. La Maison Thérésa..........................	167
IX. La Maison Rossini............................	179
X. La Maison Hervé..............................	195
XI. 15, rue Monsieur-le-Prince....................	205
XII. La Maison de M. X***........................	217
XIII. La Maison Hostein..........................	231
XIV. La Maison Philarète Chasles..................	243
XV. La Maison Nadar.............................	259
XVI. La Maison Pons neveu........................	269
XVII. La Maison Dorée............................	277
XVIII. La Maison du Coiffeur.....................	293
Conclusion......................................	309

Paris. — Imprimerie Rouge frères, Dunon et Fresné, rue du Four, 43.

www.ingramcontent.com/pod-product-compliance
Lightning Source LLC
Chambersburg PA
CBHW050731170426
43202CB00013B/2258